实用主义与美国思想文化译丛

丛书主编　陈亚军

Naturalism and Ontology
The John Dewey Lectures for 1974
Wilfrid Sellars

自然主义与存在论
1974年约翰·杜威讲座

［美］威尔弗里德·塞拉斯　著
王　玮　译

中国博士后科学基金资助项目（2017M621063）

作者介绍

威尔弗里德·斯托克·塞拉斯（Wilfrid Stalker Sellars，1912—1989）　美国哲学家，先后在密歇根大学、布法罗大学、牛津大学和哈佛大学学习，在爱荷华大学、明尼苏达大学、耶鲁大学和匹兹堡大学执教。一生著述百余，内容涉猎广泛、视野宽阔、原创深刻、系统连贯、极富启发。主要著作有《科学、感知与实在》《哲学视角》《科学与形而上学：康德主题变奏曲》《哲学与哲学史文集》《自然主义与存在论》《纯粹语用学与种种可能世界》《康德与前康德主题：威尔弗里德·塞拉斯讲座》《康德的先验形而上学：塞拉斯的卡西尔讲座及其他文集》《在理由的空间：威尔弗里德·塞拉斯文选》等。荣誉主要有洛克讲座（1966）、杜威讲座（1974）、卡卢斯讲座（1977）、卡西尔讲座（1979）等，尤其是伦敦大学讲座（1956），内容以"经验主义与心灵哲学"为题发表，被公认为20世纪英美哲学经典。

译者介绍

王　玮（1984—　）　河北石家庄人。山西大学哲学学士（2003-2007），南京大学哲学硕士（2007-2010），美国印第安纳大学哲学系联合培养博士（2012-2013），南京大学哲学博士（2011-2016），南开大学哲学院博士后、助理研究员（2016-2019），复旦大学杜威中心兼职研究员（2018-）。主要从事实用主义和分析哲学研究，特别是塞拉斯哲学研究，已出版译著《经验主义与心灵哲学》（2017）。

内容提要

　　本书的主要内容是塞拉斯1974年5月芝加哥大学的约翰·杜威讲座,其中较为系统地阐述了他过去30多年对存在论、语义学和心灵哲学的一些观点。讲座聚焦抽象实体的存在问题,沿着自蒯因以来当代存在论问题的量化进路,论证量化和虚类策略不承诺抽象对象和非对象的存在。在此基础上,塞拉斯考察并论证有关抽象实体的谓述表达式及其真正功能可有可无,从而断绝了真与抽象实体的关系。同时,与谓词相关的意指语境也不是将一个表达式关联一个抽象实体,而是将一个表达式进行功能归类。这样,语言行为本身的意指和意向性不再依靠形而上学的抽象实体。这些观点相互关联,融入到一幅自然主义存在论图画中。这是一幅唯名论的图画,其中并非真的存在抽象实体,抽象实体其实是语言实体。

总 序

陈亚军

二十世纪七十年代以来,实用主义在西方思想学术界强劲复活,引起人们的广泛重视。它的影响正越过学院的围墙,深入到美国社会、文化的各个层面。实用主义和美国思想文化互为表里,形成了紧密的关联与互动,以至于要了解当今的美国思想文化之精髓,不能不了解实用主义;反过来,要理解实用主义,也不能不研究美国思想文化。

研究的第一要事是翻译。没有对研究对象的全面系统的翻译,深入的研究便是一句空话。说得更加极端一些,翻译本身就是研究的一部分。套用康德的话说:"没有翻译的研究是空洞的,没有研究的翻译是盲目的。"出于这一考虑,在主持"实用主义与美国思想文化研究"系列丛书的同时,我们也主持翻译了这套译丛。希望二者可以相互支撑,形成互补。

多年来,我国学术界对于实用主义尤其是古典实用主义经典的移译取得了令人瞩目的成就。新近《杜威全集》(38 卷)中文版的问世,是这些成就最为醒目的标志。然而,我们也应该看到,相对而言,在实用主义的庞大家族中,我们对于皮尔士、罗伊斯、米德、席勒这些实用主义者的重视还远远不够,对于过渡期的实用主义者如刘易斯、莫里斯等人还缺少关注,对于新实用主义者的最近成果的追踪也不够及时,而对于相关的实用主义与美国思想文化的相互影响,更是难见一瞥。所有这些不足,都是本译丛立志要改变的。

本丛书的译者多是相关领域的专家学者、青年才俊。我们会尽自己的最大努力,为读者提供可靠的优秀翻译成果。但翻译从来就是一项艰苦的事业,由于能力水平的局限,出现错误是可以想见的,我们将努力减少错误,同时也衷心期待来自各位方家的批评指正。学术乃天下之公器,对此,学术共同体的每一个成员都责无旁贷。

最后,我要衷心感谢复旦大学出版社和复旦大学哲学学院,感谢你们对于本丛书的大力支持!

目 录

001 / 鸣谢

001 / 前言
001 / 引言

001 / 一、"something"礼赞
014 / 二、探索特性或何时一个分类不是分类?
041 / 三、可有可无的重要性
064 / 四、意指与存在论
103 / 五、意指之后
136 / 与迈克尔·洛克斯的通信

168 / 索引
174 / 威尔弗里德·塞拉斯的哲学著述

鸣 谢

D.莱德尔出版公司许可出版修订的《作为功能归类的意指》,载于 J.C.特洛耶和 S.C.惠勒三世编:《意向性、语言与翻译》(Dordrecht, Holland,1974 年)。

前　言

1. 本书修订和扩充了1974年5月芝加哥大学的约翰·杜威讲座。讲座本身试着将我在过去30年中阐述的存在论、语义学和心灵哲学的某些看法以一个还算系统的形式结合起来。我这样说的意思不是暗示我讲述这些看法的很多文章的外在关系——相关的看法不但是可区分的而且是可分开的，不但是可分开的而且是分开的——因为我从一开始就非常注意它们的根本的相互联系。其实，每一篇文章，不管其中心主题是哪个，都试着既探讨那一主题，也探讨它在总体格局中的位置。其必然结果是，读者的优势，即对一个具体话题作细致处理，由此削弱，即必须把握它和一个广包却非常图式的背景理论的联系。因此，每一篇文章都预设了其他所有文章，就像一张一张出版的一本地图册，或在储藏室中被一件一件拿起的一套餐具。显然，我迟早得咬紧牙关从自由发现之旅的兴奋转向理性重构的多重快乐。

2. 我在准备讲座出版时试着将阐明我看法的系统本性的任务更进一步。虽然论证的开路先锋——第一章到第三章——基本未动，只有格式和编辑的改动，但是其结论阶段，尤其是对意指、描绘和心理的讨论，讲得详细得多，而且补充了新材料。我还将《作为功能归类的意指》①的核心部分经过修订后加了进来。我认为，后者用简短的篇幅对我怎么看意指的本性作出了最佳陈述。不过，我相信，将其置于本书的更大语境中，尤其是与关乎谓述的存在论问题相联系，它阐明的东西才获得其真

---

① 载于J. C. 特洛耶、S. C. 惠勒三世编：《意向性、语言与翻译》，D. Reidel Publishing Company：Dordrecht，Holland，1974年。

正意谓。

3. 那么，在一个意义上，我是在说本书就我的哲学看法而言没有什么**真正的**新颖之处。从一些我的近期文章的煎熬中挺出来的读者一定会有种似曾相识的感觉。艰难识破先前一次综合尝试的康德式包装的读者也会这样①。但在一个更深的意义上，它是全新的。因为在哲学中重要的是论证，而论证的确是新的。它试图自足，依附其自身的动力，使用最少的期票和"我在别处论证"。当然，遗憾的是，后者不能完全消除。因为，连这次综合尝试也源于一个更大的语境，并且指向一次还要更大的也只能概述的综合。总会再有一本《纯粹理性批判》！不过，不能好高骛远，也没有完美无缺。哲学无疑是永不停驻的典范。

4. 我得感谢一些人才能结束这些评论，他们给我的作品提出的已发表和未发表的意见让我真正感到参与了一次对话。名单很长，其实，毫不自我吹嘘地讲，长得难以刊印。他们（既个体地也集体地）知道他们是谁；我对他们说：谢谢。

匹兹堡
1978 年 10 月 25 日

---

① 《科学与形而上学》。本书可能还有助于这样的康德研究者，即虽然感觉难以识破《科学与形而上学》中康德主题的塞拉斯包装，但仍然感到《科学与形而上学》可能会对理解《纯粹理性批判》有些帮助。

引 言

1. 当我渐渐有了哲学意识的时候,开启 20 世纪的各系统间的伟大战役即将结束,尽管电闪雷鸣仍令人印象深刻。我从划分观念论者和实在论者,确切地讲,新贵实在论的各个相互角逐的形式的问题起步。我一开始靠我父亲的双眼来看它们,或许因此从未对实用主义感兴趣。他认为它变化无常、含糊不清、犹豫不决。我们就此想到洛夫乔伊的"十三个样式",尽管我父亲认为那会作出过于整齐的一幅图画。

2. "时间是非实在的。""感觉材料构成物理对象。""心灵是截然不同的实有。""我们直观本质。"这些是你可以全心研究的问题。相比之下,实用主义似乎只有方法没有结果。

3. 自立门户之后,我早年参战对抗实证主义——最后一个伟大的形而上学系统;我一直是实在论者,轻率考虑过牛津的亚里士多德主义、柏拉图主义、直观主义,却不知怎的打心底确信近乎批判实在论和进化自然主义之类的是真的。

4. 如此这般,直到我的思想开始成形,我才真正遇到杜威并开始研究他。它的进展当然并不容易,(像他一样)缺乏英国经验主义者有时欺人的清楚,尽管本身较黑格尔清晰。有一次当我要离开"所予神话"(先前实在?)重新发现意指融贯论时,他拉住了我。因此,最让我着迷的就是杜威的观念论背景。我在罗伊斯那儿,之后在皮尔士那儿,发现了类似的主题。我没想到我错过了。

5. 尽管我认为自己是科学实在论者,但是杜威的经验世界很像我称为的在世之人的显见意象,被恰当理解的它通向科学实在论。

6. 我父亲的一篇早期文章叫"谁的经验?"。他暗示回答得是"你的经验"或"我的经验"。不过,杜威肯定会回答"我们的经验"——因为主体间性和共同体位于他思想的核心,正如它们位于我思想的核心一样。

7. 至于自然主义,那也有己方的负面暗示。它像实用主义一样飘忽不定又含糊不清。我们可以相信关于世界的**近乎**一切,甚至关于上帝的**一些**东西,却是自然主义者。需要的是一种新的非还原的唯物主义。我父亲可以心安理得地称自己为唯物主义者,因为那时他差不多是视野中唯一的一个。不过,这个词不是我的,而且我非常吃惊**新**新唯物主义者的一些看法,从而在尘埃落定之前,我更喜欢"自然主义"这个词,它保留了其方法论内涵,也获得了实质内容,即使它不衍推科学实在论,至少也不与之相矛盾。

一、"something"礼赞

1. 存在论是关于存在什么（what there is）的理论。因此，要理解存在论是什么，我们得理解短语"存在什么"，它指向问题"存在什么?"（What is there?）显然，如果一个人突然被问到这个问题，那么他不会知道怎么来看它——除非他是哲学家，因为哲学家自带一个语境或环境，在其中，其他令人吃惊的问题是相关的也是切合的。不过，就此而言，如果我们稍作停留，不急于谈论存在论中的具体问题，那么，即使我们身处哲学氛围，我们也不禁对上述问题感到困惑。

2. 我此时可能会讨论"what"问题的语法，或者指出这个事实，即在日常语境中，我们会觉得这个问题不完整，期待着像

[What is there] which has 12 pairs of legs and eats chicken?

（译作：[存在什么]它有12双腿而且吃鸡?）*

这样的延续。但我将阐明这个明显观点，即当存在论者问（倘若他曾问过）这个问题时，他关注**种类**（*kinds*）。表层的语法单数往往深层是复数。

3. 另一方面，将最初的问题改述为"存在什么种类的东西?"会（也该）遭到抵制。比如，一位存在论者很可能反对说，他关注的不是存在什么**种类**的东西，因为这接受了种类的名称作为回答——比如"lionkind"和"dragonhood"——尽管他作为动物学家或神话学家，甚至（当琢磨其

---

* 因为塞拉斯的阐述要依靠英语词句的结构和语法才能充分展现其论证的效力，所以本译文将在必要之处保留英语原文，并且以"译作"为标识来适当补充原文的译文。——译者注

他问题时)作为逻辑学家或哲学家可能会对这些感兴趣,但是当他作为一位存在论者问"存在什么?"时,他不是在寻找种类,不管它们是不是空的——这不是说不会对这个种类,即自身绝非为空的空种类,非常感兴趣。

4. 然后,从他的视角看,一个更充分的改述会是

What kinds are there such that there are things of those kinds?

(译作:存在什么种类,从而存在那些种类的东西?)

然而,尽管这个回答的优点是最终导向像

There are lions,

(译作:存在狮子,)

There are tame tigers,

(译作:存在驯顺的老虎,)

There are no dragons

(译作:不存在龙)

这样的实例,但是它显然始于高层级的抽象。

5. 其实,我们该想到,我们原初的问题也可能会是

What are there?

(译作:存在什么?)

对此

There are lions, etc.

(译作:存在狮子,等等)

看起来是一个直接回答。如果这个回答被某个问"作为存在论者,谁在乎是否存在狮子或者(就此而言)龙啊?"的人否定,那么就可能会有下述回答:

There are numbers. There are classes. There are attributes. There are propositions. There are possible worlds。

(译作:存在数。存在类别。存在属性。存在命题。存在可能

世界。)

或

There are classes and classes of classes — but no attributes。

(译作：存在类别和类别的类别——但不存在属性。)

6. 我此时可能会转而关注日常种类和范畴的经典区分。不过，我想让这个话题在这些讲座的过程中自己慢慢出现，而不是我直接致力于它。另一方面，我确实想直接进入存在论，或者，换言之，进入有这么多其常见的困惑和难题萦绕着我们的存在论对话。我的目的是加入这场论辩——但谨慎选择时机来最好地展示我自己的看法。

7. 然后，我将首先假定，对数作出直接存在论承诺的方式是十分坦率地说

There are numbers。

(译作：存在数。)

如果我补充说"或可以合理地说衍推这个陈述的什么"，那么，当然，我就打开了潘多拉魔盒——我们尚未为**此**完全做好准备。因此，我首先聚焦形式

There are Ks，

(译作：存在 K，)

在这里"K"表示一个"分类词"或"可数名词"。

8. 我还将假定，举例而言，

There are lions

(译作：存在狮子)

可以改述为

Something is a lion。

(译作：什么是狮子。)

然而，我将不利用

Lions exist

(译作：狮子实存)

这个改述,不是因为它(至少在一些语境中)达不到这个目的,而是因为"to exist"是一个难以明确的动词,其种种使用属于截然不同的语境且引起截然不同的问题。

9. 我的一般策略是区分一个对像

Are there Ks? e.g., Are there attributes?

(译作:存在 K 吗?例如,存在属性吗?)

这样表面上的哲学问题的解释(据此,可以说,适当的回答是不言而喻的"是的——**当然**存在属性")和一个意义,在这个意义上,回答不管是是的还是不是都很有争议。这第二个意义可以以传统哲学的方式表述为

Are there *really* attribute?

(译作:**真的**存在属性吗?)

尽管"really"(真的)的要旨究竟是什么是一个更长的论述的一部分。你们可能想到卡尔纳普对"内在的"和"外在的"问题的区分,不过,尽管它并非没关系,却不是我考虑的,我将在论证后期再谈它。

10. 我已暗示,在一个意义上,存在类别、属性、数、命题等,这不言而喻。并非不言而喻的是(本着 G. E. 摩尔的精神)相关的**分析**。比如,属性"可分析为"或者"可还原为"其他(很可能是)非抽象种类的项吗?或者,用更当代的措辞来讲,关于属性的陈述可用关于非抽象实体的陈述以一个有哲学旨趣的方式改述吗?我们能像唯名论那样**严控**关于属性的话语却仍能"说我们想说的"吗?不到万不得已我不会同意将关于属性的话语从我的语汇中删除。它可能确实是有更古板的近亲可以起到它**真正**起到的全部作用。不过,现身有力地证明了生存——连哲学家也这么认为——而且,我知道,连那位向往荒漠的人(蒯因)也因为他关于丛林的地理学知识而对其愈加喜欢。

11. 回到主题。将会有益的是,作出术语的承诺,来这样使用语词"对象"和"归类",即像

Tom is a man

（译作：汤姆是人）

这样一个陈述会被说成是指称一个对象并将其归类为人。我提醒你们，尽管我在聚焦形式

x is a K，

（译作：x 是 K，）

但是我本可能会使用更一般的形式

x is ϕ，

（译作：x 是 ϕ，）

在这里，"ϕ"可以表示一个分类词也可以表示一个形容词谓词，或者，甚至使用

ϕx，

在这里，"ϕ"也可以表示一个动词。不过，谓述（或所谓的谓述）的种类和系词使用的种类杂多，连其许诺临时协助的时候限定它们也是好的策略。要注意，通过规定"对象"的一个使用，我才可能把"实体"(entity)留给一个不同的——尽管相关的——角色。

12. 那么，我们怎么来理解

Something is a lion?

（译作：什么是狮子？）

显然，它不指称一个选定对象，但它与对象有关。如果我们反思，相关的陈述为真，当且仅当某一个对象是狮子，那么，我们可能忍不住说，在这个语境中，"something"不明确地或不确定地指称对象。指称（至少是某个相关范畴的）**所有**对象吗？不过，不是

Everything is a lion

（译作：一切是狮子）

采用的方式。而是它以自己的方式没有遗漏。如果要求解释这个不确定指称所有对象，那么我们可能会采取两条一般路线，其中第一条划分为两个子策略，希望每一个都指向对方。

13. 第一条一般路线(A)主张"something"的指称特征**衍生于确定**指称(比如,名称和指示词)的指称特征。第一个不太可行的子策略(A-1)是将

Something is a lion

(译作:什么是狮子)

等同于

Leo is a lion or Nixon is a lion or Gibraltar is a lion or (perhaps) the number 3 is a lion, or etc.

〔译作:里奥是狮子或尼克松是狮子或直布罗陀是狮子或(也许)3号是狮子,等等。〕

这个子策略不是没有诱人之处,而是遇到了常见的困难。这个"etc."在做很多未解释的工作。安斯康姆女士指出,这个"etc."(或可能取代它的省略号)不是懒惰的"etc."。不过,当我们反思"something"和"everything"不确定指称所有对象的不同方式时,我们一定感到"or"和"and"与这个区分有关。

14. (A)的第二个更有生机的子策略(A-2)引入

Something is a lion

(译作:什么是狮子)

为真条件的主题,并且对这情境作如下解释:

'Something is a lion' is true ≡ some statement which makes a determinate reference to an object and classifies it as a lion is true。

(译作:"什么是狮子"为真≡某个确定指称一个对象且将其归类为狮子的陈述为真。)

我这样表述来强调它尝试用确定指称来解释不确定指称。这个子策略的优点是,没有声称我们可以现实地给出确定指称的列表——必须有这个列表才会产生与原初陈述"等值"的,更不用说与之同义的了。

15. 不过,(A-2)有这个优点,但也有自己的麻烦。陈述用语言作

出,而任何自然语言的资源总是有限的——当然是就确定指称表达式而言。提议(A-2)的人根本不会认为短语"某个确定指称一个对象的陈述"指称含有当前使用的这种表达式列表中的某一个的陈述。毋宁说这样一位提议者得依赖这个事实,即一种语言不但不止由任何一次现实利用的语法串组成(这显而易见),而且不止由可以利用的语法串组成。在一个难以定义的意义上,它还有资源使语言可以通过以具体方式扩展从而得以丰富。就是这个语言可以扩展的观念使(A-2)看似合理,作为一个策略来解释确定指称的不确定指称词项[①]。

16. 不过,还有别的选择吗? 我想到的是极为令人困惑的一个,尽管它令人困惑的地方被悄然略过;确切地讲,我会说,被支持它的人有意掩盖。因为,它就是这个想法,即语词"something"不靠确定指称来联系所有对象——我说"联系"的意思(将会表明)是心理-语言理论抓住的真正的关系[②]。

17. 我一直在用语词"something"来讨论问题。不过,我们将其置换为逻辑学家的语言结果也是一样,在这里

Something is a tiger and is tame

(译作:什么是老虎且是驯顺的)

变成

(∃x) x is a tiger and x is tame。

(译作:(∃x) x 是老虎且 x 是驯顺的。)

变项"x"据说是涉及对象的。但不清楚的是,变项"涉及"对象是指什么。变项与语言外由石头和老虎构成的域中的项有"语词-世界"联系吗? 要

[①] 不过,当这个策略尝试考虑对象的域包括实数时就产生一个更严重的困难。或许,显而易见的是,一种语言的一切扩展至多含有无穷多可列举的确定指称表达式。对这个困难的评价要等到阐明在什么意义上数是对象。

[②] 我说"真正的"关系的意思是(大致地讲)描述的关系。在这个意义上"or (p, q)"和"greater (9,7)"都不表达关系。部分问题在于究竟怎么区分"描述的"和与之互补的("逻辑的?")。

是有(而且回答肯定得是"有"),这个"涉及"——它显然对应"something"的不确定指称——要用确定指称来阐明吗,或者它要被认为是一个基本指称方式吗?

18. 我一点也不反对将——一位逻辑学家可能会这样——不确定指称的概念视为语义理论中一个未分析的概念。不过,这位哲学逻辑学家面对的任务是阐明它,这是一项不该忽视也不会消失的挑战。

19. 在形式语义学中,我们在一个意义上可能解释一个陈述,例如对象语言(我们在"给出它的语义学")中的

(∃x) x is a lion

(译作:(∃x) x 是狮子)

的不确定指称,通过给出这个陈述在适当元语言中的为真条件,比如

'(∃x) x is a lion' (in L) is true≡(∃x) x satisfies 'x is a lion' (in L),

[译作:"(∃x)x is a lion"(在 L 中)为真≡(∃x)x(在 L 中)满足"x is a lion",]

或(为了解决某些形式问题)

(∃s)s satisfies 'x is a lion' (in L)。

[译作:(∃s)s(在 L 中)满足"x is a lion"。]

在这里,"s"涉及无穷序列的对象。不过,一目了然,不确定指称的本性问题只不过转移到了元语言。我没有说这不是它的归属——其实,子策略(A-2)也走了并行的一步。不过,在给出

Something is a lion

(译作:什么是狮子)

在元语言中的为真条件时,它是通过提到在对象语言中确定指称的陈述,而非只将不确定指称对象添加到元语言。它至少**试着**着手处理问题。但上述用为真条件来对不确定指称作出的"阐明"仅推迟了问题。

20. 即使我们将"something"的范围限定在空间和时间中的个体也

仍极其困惑。这困惑尤为突显的时候是断言专名的指称特征可以用描述短语的指称特征来阐明，后者又归结到"something"的指称特征。依照这个策略的一个过于简单的形式，"Plato"会被理解为"the student of Socrates and teacher of Aristotle"，这连同罗素式的繁文缛节又会用"something is uniquely a student of Socrates and teacher of Aristotle"来理解。彻底履行这个步骤会包括将所有专名用谓述对应来重构，就像例如将"Nixon"理解为

the Nixonizer，

这又会用

something uniquely Nixonizes

来作语境分析。

21. 我已经指出，似乎显而易见的是，成功确定指称的表达式**联系**语言外的世界，比如"Plato"联系一位希腊哲学家，"Nixon"联系白宫里的那个人。根据我们刚才一直在考虑的看法，这个联系要解释为在"something"与一般来讲的对象之间联系**聚焦**，或靠将其选定的一或多个谓词**聚焦**一个具体对象。确定指称是不确定指称的聚焦。蒯因告诉我们，量化的变项是"指称的载体"——用传统语言来讲，"something"是指称的载体。我只是在要求对此要重视，在我看来，至少得简述"量化的变项"**怎么勾连世界。**

22. 我上文指出，"涉及"可能会被理解为语义理论中一个代表勾连方式的未定义词项。它可能会用作一张要用关于语言**作为**语言行为怎么勾连世界的心理-语言描述来兑现的期票。但我们想要**某种**描述，关于为何心理-语言学会认为将这勾连聚焦在对象与量化的变项之间的关系是富有成效的。我们得满意杜恒招数（Duhemian gambit）——其大意是，量化设备只是语言整体的骨架，通过"面对经验的法庭"来勾连世界的是语言整体——吗？我们可以仅仅说，因为语言整体勾连，所以"量化的变项"勾连吗？或许，我们可以说，因为观察语句勾连，所以语言整体勾连。

显然，要对"something"谈一些富有启发的东西，我们得谈很多。

23. 要注意，我不是在反对不确定指称的概念。不确定指称无法避免——或许，只有上帝可以，他命名一切。问题而是这样指称的概念要**怎么**阐明。我们考虑的两个策略都没有摒弃量化。在对

Something is a lion

（译作：什么是狮子）

中的"something"的不确定指称的阐明中，两者都使用了语词"some"。在第一个子策略中，它出现于

Some statement which makes a determinate reference to an object and classifies it as a lion is true。

（译作：**某个**确定指称一个对象且将其归类为狮子的陈述为真。）

在第二个子策略中，它出现于

（∃x）x satisfies 'x is a lion'

［译作：（∃x）x 满足"x is a lion"］

和

（∃x）'x is a lion' is true of x

（译作：（∃x）"x is a lion"之于 x 为真）

它们分别对应

Something satisfies 'x is a lion'

（译作：**什么**满足"x is a lion"）

和

'x is a lion' is true of *something*。

（译作："x is a lion"之于**什么**为真。）

24. 有些哲学家往往忽视这个问题，因为他们在探讨形式化语言——一个有效的程序递归说明了其资源——时使用的指称概念，尽管在一个有趣的意义上依附于，却不是在表达式与世界中的项之间的联系的概念。这个概念用纯粹逻辑的语言定义，比如

$$x \text{ refers to } y \text{ (in } L) =_{df}$$

$$x = \text{'New York' (in } L) \text{ and } y = \text{New York or } x = \text{'Chicago' (in } L) \text{ and } y = \text{Chicago or } x = \text{'Nixon' (in } L) \text{ and } y = \text{Nixson} \ldots$$

〔译作：x(在 L 中) 指称 $y =_{df}$

$x=$ "New York"(在 L 中) 且 $y=$ 纽约 或 $x=$ "Chicago"(在 L 中) 且 $y=$ 芝加哥 或 $x=$ "Nixon"(在 L 中) 且 $y=$ 尼克松 ……〕

我在大约 20 年前我给卡尔纳普卷集的文章中指出[①]，虽然这样一个定义观念有益于给形式化语言的表达式的语义特性建构一个递归描述，但是，它们没有阐明**指称**概念，

$$x \text{ is the Dutch uncle of } y =_{df}$$

$$x = \text{Mr. Jones and } y = \text{Tom or } x = \text{Mr. Smith and } y = \text{Dick or } x = \text{Mr. Roberts and } y = \text{Harry} \ldots$$

（译作：x 是 y 的荷兰大叔 $=_{df}$

$x=$ 琼斯先生且 $y=$ 汤姆 或 $x=$ 史密斯先生且 $y=$ 迪克 或 $x=$ 罗伯茨先生且 $y=$ 哈里 ……）

也同样没有阐明是荷兰大叔是怎么一回事[*]。

25. 当指称概念延伸到抽象对象，比如属性、类别、类别的类别、数、命题等，不确定指称的困惑就变得真正难以克服。我们想知道，语词"something"怎么勾连它们？而且，这个事实，即连**确定**指称抽象实体的概念也很有问题，加剧了这里的张力。

26. 至于具体对象，有迹象表明确定指称理论有了进展。专名的因果理论已有尝试，如果成功就会给出上文第 22 段简述的那种聚焦的或非杜恒的指称描述。因此，如果不确定指称可以用确定指称阐明，那么关系非抽象对象的指称问题将在掌控之中。

[①]《经验主义与抽象实体》，载于保罗·A. 谢尔普编：《鲁道夫·卡尔纳普的哲学》，LaSalle, Illinois, 1963〔转载于 *EPH*(94)〕。

[*] "Dutch uncle"的意思是指直率又严厉地教训或批评别人的人。——译者注

27. 不过，以经典的方式理解为不可还原为非抽象对象的抽象对象呢？怎么理解就此而言的确定指称？如果"Socrates"靠心理-社会-语言的联系指称一位古希腊哲学家，那么在（例如）"triangularity"与三角形性（triangularity）以及"mankind"与人的类别（the class of men）之间不是得有心理-社会-语言的联系吗？

28. 要注意，承认语词"triangularity"和**什么**（something）有心理-社会-语言的联系这个一般观点，却断言它联系三角形物，是不可行的，因为三角形性既不由任何集合的三角形物构成，亦不与之等同，而且没有三角形物也可以同样容易地得以指称。

29. 经典柏拉图主义者十分愿意谈相（Forms）与人之间的实在关系。他愿意使用视觉语言和交流语言。柏拉图的相通过作用我们的心灵而为我们所知——如果这个在致使过程中不改变的原因概念令人困惑，那么它至少是认真尝试探讨一个严肃的问题。虽然在基督教的新柏拉图主义中这个致使变成上帝的践行，但是心灵的光照概念根本没变。虽然柏拉图主义者相信自己觉知经验到相，但是他们也认为必须有相的作用（不管我们是否有其觉知）来解释我们怎么会像我们这样想世界以及我们怎么会知道数学的、伦理的和形而上学的真理。

30. 很多其存在论列入不可还原的抽象对象的哲学家对这些对象与人之间的**因果**关系的想法感到不安。他们转而强调觉知的概念。我们"觉知"共相、类别、属性之类的。不管这"觉知"是被理解为"动作""关系"还是"连结"，它很可能是一个事实的或非逻辑的联系，促成抽象对象和终于指称那个对象的抽象词项的因果链条。不过，我怀疑，讲明"觉知"概念蒙上的隐喻和谜团就会发现核心是关于因果效用的柏拉图主题之类的。毕竟，传统觉知概念（至少最近在摩尔）基于视觉类比——没有因果性能理解视觉吗？

31. 我在我的卡尔纳普文章中阐明，给作为不可还原对象的抽象实体找到真正位置的语义理论就得承认这些实体与人之间的事实关系。卡尔纳普当然否认这一点,不过他的否认就调用了这个已指出用析取、合取和等同来定义"指称""关系"的策略。比如,就数而言,已经指出,我们会得到

$$x \text{ designates-in-G } y =_{df} x = \text{'Eins' and } y = \text{one or}$$
$$x = \text{'Zwei' and } y = \text{two or} \ldots$$

(译作:x 在 G 中指涉 y $=_{df}$ x = "Eins" 且 y = 一 或
x = "Zwei" 且 y = 二 或 ……)

不过,就像非抽象对象的情况一样,这样一个靠列表定义的"在 L 中指涉"概念没有阐明数词与经典设想为不可还原的非语言对象的数之间的联系,也没有阐明语词"Chicago"与风城之间的联系。

32. 不用说,杜恒策略准备就绪。因此,假定问一位关于属性和/或类别的柏拉图主义者:"不是得有抽象实体与人类心灵之间的事实关系,抽象单数词项才因此勾连世界吗?"我们的柏拉图主义者会不会回答说:"面对经验法庭的是我们的理论整体,包括它的逻辑设备以及像'分子''正电子''属性''命题''类别''类别的类别'等这样的分类谓词。我们的语言勾连正电子和类别都是由于这个理论适用于经验。只是分析-综合区分的假象妨碍我们承认'类别'和'命题'连贯'电流'和'正电子'。这只是理论性程度的问题,即远离感觉刺激引出的场合语句(occasion-sentences)的程度问题。"

33. 不过,下述考虑该就这个肤浅招数产生一定的怀疑。这个理论整体要详谈将微观物理对象与不断冲击在看气泡室和底片的实验者的感觉外皮的感觉刺激联系起来的因果关系。这个理论解释了我们**怎么联系微观物理对象**。

34. 因此,除了杜恒观点,即代表微观物理粒子的**表达式**由于属于一个整体使用的理论而勾连微观物理粒子,这个理论还就勾连的**细节**给出一个因果描述。像"数""类别""属性"和"命题"这样的词项并非这样。这个事实将一个彻底的中断引入蒯因的连贯体,它对抽象实体问题、存在论,尤其是心灵哲学有重要影响。

二、探索特性或何时一个分类不是分类?

1. 哲学家有种奇特的弥达斯之触。他们触碰的一切都变成困惑,最终变成问题。指称(特别是不确定指称)的概念当然也不例外。我已触碰它,而且,至少就我而言,发现自己面对着语词和世界如何关系的问题。我认为显而易见的是,至少就日常对象而言,确定指称牵涉对象与指称它们的表达式之间的实在关系。不过,虽然我认为这个一般论点显而易见,但是我看不出来这些关系具体会是什么。其实,我早就确信这个一般论点提出了哲学的一个关键问题,它是我著述中反复出现的一个主题,只有彻底的自然主义心灵哲学才能解决它。我在本书中的一个目的是阐明这个主题,使我的论证比以往更有说服力。

2. 除了触碰不确定指称的问题——尽管其紧密联系存在论中的基本问题,却主要留在幕后——我也触碰了确定指称抽象对象的话题,尽管我的探讨刚好到引入我自己的困惑。我将在结论章再谈抽象实体以及我们怎么指称它们的话题。不过,在此之前,还得再谈一谈语词"something"的灵活性。虽然第一章题为"'something'礼赞",但是这个话题才刚刚引入。

I

3. 我将不用我大约17年前在之前一篇存在论文章中用来将其引入并为其辩护的繁复辩证来阐明这个核心观点①。其大意是,在日常语

---

① 《语法与实存:一篇存在论序言》,*GE*(37),转载于 *SPR*(53)。

言中,我们可以将

　　Tom is tall

　　(译作:汤姆是高的)

概括为

　　Something is tall,

　　(译作:什么是高的,)

也可以将

　　Jones is pale and Smith is also pale

　　(译作:琼斯是苍白的且史密斯也是苍白的)

概括为

　　Jones is *something* and Smith is also *it*,

　　(译作:琼斯是**什么**且史密斯也是**那样**,)

以及将

　　Jones is a professor and Smith is also a professor

　　(译作:琼斯是教授且史密斯也是教授)

概括为

　　Jones is a *something* and Smith is also an *it*。

　　(译作:琼斯是**什么**且史密斯也是**那样**。)

甚至(尽管我将不对其论证)将

　　If Jones comes, then there will be trouble

　　(译作:如果琼斯来了,那么会有麻烦)

概括为

　　If *something*, then there will be trouble。

　　(译作:如果**什么**,那么会有麻烦。)

　　4. 因此,"something"可以用在其中它取代一个形容词的语境,其中它取代一个分类词的语境,甚至其中它取代一个语句的语境。不过,对我们有帮助的是引入术语,其中语词"something"被一些表达式——

其中每一个都指出它要取代的确定表达式的语法范畴——取代。比如，我要写的并非

  Jones is *something* and Smith is also *it*，

而是

  Jones is some*how* and Smith is also *it*

或

  Jones is some*how* and Smith is that*how*。

严格地讲，这不是理想的选择，因为

  How is Jones?

  （译作：琼斯好吗?）

通常不会用

  Jones is pale

  （译作：琼斯是苍白的）

来回答，更不用说

  Jones is tall;

  （译作：琼斯是高的;）

不过，我想不到更好的，除非我们像我以前一样诉诸拉丁语衍生的"some*quale*"①。

  5. 相应的，我将使用

  Jones is a some*sort*

来表达上述对

  Jones is a professor

  （译作：琼斯是教授）

的概括，并且（用亚瑟·普赖尔建议的术语来讲）使用

  If some*that*, there will be trouble.

---

① *SPR* 第261页,第8章第33段。

II

6. 我将通过指出没有表面理由认为

Jones is some*how* and Smith is that*how*

作出明确的存在论承诺来准备开始论证。第一个分句是

Jones is something

（译作：琼斯是什么）

的人工改述，它（至少表面上）不具有作为存在论承诺范例的形式

Something is a K

（译作：什么是 K）

或

There are Ks。

（译作：存在 K。）

7. 要注意，我们得当心不要将我们的人工陈述的"some*how*"和"that*how*"分开为"some how"和"that how"。因为，这可能会诱惑我们将"how"理解为分类词，从而从

Jones is some how and Smith is that how

变动到

There is a how such that Jones is it and Smith is it，

再由此变动到

There are hows。

（译作：存在怎样。）

或许，进一步的论证会使我们认为**存在**怎样（there *are* hows），但首先我们不该回避这个问题。

8. 我也可能会附带着指出，将"something"解读为"some thing"有一个相似的危险。这样解读就是使自己可能会忍不住将

Something is a tiger

（译作：什么是老虎）

理解为

Some thing is a tiger,

（译作：某物是老虎，）

从而隐含地理解为

Something is a thing and it is a tiger。

（译作：什么是物且它是老虎。）

这样阐明之后就明显有问题了。"something"的"thing"不是分类词①。

Ⅲ

9. 在引入专业的人工设计来扮演"something"的一些角色之后，我将把它们留在幕后，直到我聚焦一些它们会帮助来阐明的困惑。在此期间，我将使用一个利用了符号逻辑语汇的表示方式。比如，对于

Jones is some*how* and Smith is that*how*

我将使用

(∃f) Jones is f and Smith is f,

（译作：(∃f)琼斯是 f 且史密斯是 f,）

或

(∃f) f(Jones) and f(Smith)。

（译作：(∃f)f(琼斯)且 f(史密斯)。）

10. 看后面的表示，我们可能会忍不住认为"f"是涉及一个子对象域的受限变项。这样认为就是将这些表示同化这个实例，即其中并非将

---

① 这对应于忍不住给"(∃x) x is a tiger"作通俗解读，它据此变成"There is a thing (or object) such that it is a tiger"。我在《语法与实存》中详尽指出潜藏在逻辑符号论的通俗解读中的**哲学的**（而非计算的）危险。

Some crows are black

（译作：一些乌鸦是黑的）

表示为

(∃x) x is a crow and x is black,

（译作：(∃x)x 是乌鸦且 x 是黑的,）

而是我们因专注于乌鸦(crows)而使用变项"c"涉及它们构成的更受限的空间,生成

(∃c) c is black,

（译作：(∃c)c 是黑的,）

就像,就数而言,我们可能会使用

(∃n) n is divisible by 3

（译作：(∃n)n 能被 3 整除）

而非

(∃x) x is a number and x is divisible by 3。

（译作：(∃x)x 是数且 x 能被 3 整除。）

11. 因此,我们可能会认为

(∃f) f(Jones)

（译作：(∃f)f(琼斯))

是

(∃x) x is an attribute and Jones has x

（译作：(∃x)x 是属性且琼斯具有 x)

的量化受限形式,根据我们的假定,后者会对应

There is an attribute such that Jones has it

（译作：存在这样一个属性,即琼斯具有它）

并且对属性作出明确的存在论承诺。

12. 要注意,在这个意义上的属性会是具体对象"具有"（或"例示"）的**抽象对象**。还要注意,在我们一开始的非量化陈述,即

Jones is pale

（译作：琼斯是苍白的）

的表面逻辑形式与其量化对应，即

There is an attribute such that Jones *has* it

（译作：存在这样一个属性，即琼斯**具有它**）

的表面逻辑形式之间会有根本差异。

13. 当然，关于我们怎么会认为这符号表示牵涉作为抽象对象的属性，还有其他解释。比如，我们可能会推理说，我们的量化陈述具有下述为真条件：

'Jones is somehow'（in E）is true≡There is an attribute such that the object named (in E) by 'Jones' *has* it,

［译作："Jones is somehow"（在 E 中）为真≡存在这样一个属性，即（在 E 中）由"Jones"命名的对象**具有它**，］

或（**符号逻辑的**）

'($\exists$f) Jones is f'（in E）is true≡($\exists$x) x is an attribute and 'Jones has y'（in E）is true of x。

［译作："($\exists$f)Jones is f"（在 E 中）为真≡($\exists$x)x 是属性且"Jones has y"（在 E 中）之于 x 为真。］

14. 不过，尽管这些双条件句的确为真，但并非因为

Jones is somehow.　　($\exists$f) Jones is f.

的为真条件**得**用这些语言给出，而就是因为对于每一个具有形式

Jones is thus-and-so.　　Jones is f.

的陈述都有一个具有形式

Jones has f-ness

的相应陈述——与之逻辑等值，却不与之**同义**。

15. 比如

Jones is somehow

尽管逻辑等值于

There is an attribute which Jones has,

（译作：存在一个琼斯具有的属性，）

但是不与之同义。

16. 而且，弗雷格主义者会断言，上述推理通过假定为真条件必须用**对象**给出回避了问题。其实，我们会对其中量化变项涉及**对象**的语句的**解释**极为感兴趣；确切地讲，我们可能会将短语"根据一个解释的真"用作它包含这个规定。不过，至少乍一看，我们似乎可以区分这样理解的"根据一个解释的真"和"真"（**句号**）。我已利用卡尔纳普的宽容原则（H. W. B. 约瑟夫恳求符号逻辑自由思维的当代形式），认为可以使用谓词变项量化的全套符号设备，同时（至少在有其他考虑之前）拒绝认为这个使用**衍推**对作为日常对象**具有**的**对象**的属性作出存在论承诺。

IV

17. 此时，弗雷格主义者可能会附和说，变项"f"涉及**非对象**（即，在他的意义上：概念）——并且通过类比

'(∃x) x is pale' (in E) is true ≡ (∃x) 'ϕ is pale' (in E) is true of x

［译作："(∃x) x is pale"（在 E 中）为真 ≡ (∃x)"ϕ is pale"（在 E 中）之于 x 为真］

来提议下述作为为真条件：

'(∃f) Jones is f' (in E) is true ≡ (∃f) 'Jones is ϕ' (in E) is true of f

［译作："(∃f) Jones is f"（在 E 中）为真 ≡ (∃f)"Jones is ϕ"（在 E 中）之于 f 为真。］

18. 或者，换言之，他可能会重新使用在第一章用于"Something is a

lion"的策略(A-2)。这个策略(就形式化语言而言称为替代进路)会生成

'Jones is somehow' (in E) is true ≡ Some sentence (in E) consisting of a predicate and 'Jones is' is true。

[译作:"Jones is somehow"(在 E 中)为真≡(在 E 中)某个由一个谓词和"Jones is"组成的语句为真。]

19. 前者——或更大胆——的进路,它将"f"涉及非对象——我们忍不住说**怎样**(*hows*)——的的确确看起来快要对这些非对象作出明确的存在论承诺,尽管还不十分清楚它怎么作出。因为,仅这样**说**(不论证)肯定不行:

(∃f) Jones is f

(译作:(∃f)琼斯是 f)

出于哲学目的可以改述为

There is a non-object, f, such that Jones is f。

(译作:存在这样一个非对象,f,即琼斯是 f。)

20. 现在,断言存在物**是**(*are*)的非对象当然不排除承认存在物**具有的**(*have*)抽象对象(属性)。其实,弗雷格自己的存在论必不可少的一部分是,我们一直考虑的非对象对应与之"关联"的对象。

21. 因此,在讨论作为**对象**的属性之前,我们得妥协弗雷格称为概念而吉奇建议使用词项"property"(特性)来代表的非对象①。[我将用词项"attribute"(属性)代表非弗雷格主义的抽象对象,用词项"property"代表这些推定的弗雷格主义的非对象。]

22. 此时,将会有益的是引入一个策略(它源于《数学原理》,最近被蒯因②和理查德·M. 马丁③去除了含糊和混淆并有效利用)——"虚类"(virtual classes)的策略。给定一个谓词或开句,我们可以生成一个自身

---

① 彼得·吉奇:《存在什么》,载于《亚里士多德学会附加卷》,XXV(1951)。
② W.V.O. 蒯因:《集合论及其逻辑》,Cambridge (Mass.), 1963。
③ R.M. 马丁:《内涵与决定》,Prentice-Hall, 1963。

发挥谓词功能的"虚类抽象词"(virtual class abstract);它逻辑等值于它的来源。蒯因和马丁认为,虚类表达式的重点在于,虽然它们不是我们一开始的谓词或开句的相应**类别**的**名称**,但是它们有一个句法许可它们解读为好像它们是类员表达式。比如,我们可以从开句

  x is red

  (译作:x 是红的)

生成抽象词

  /x:x is red/

我们给它加上前缀"∈"(读作"is a(n)")得到

  ∈/x:x is red/

其首要解读是"is an x such that x is red"。其次要解读(我们将不关注)会是"is a member of the (virtual) class of the xs such that x is red"。

  23. 因此,不说

  Tom is red,

我们可以说

  Tom∈/x:x is red/,

或(临时说)

  Tom is an x such that x is red。

  (译作:汤姆是这样一个 x,即 x 是红的。)

  24. 现在,得指出,尽管我们一开始的谓词不是分类词,但是引入的**抽象词被视为分类词**。虽然蒯因和马丁默认这个转变,指出如果我们喜欢,我们就可以去掉"∈"给相关词项加上抽象词前缀来将这个抽象词用作谓词,比如

  /x:x is red/Tom,

但是,除非这以一个呼应类别谈论的方式来解读,否则一些魔力就消失了。或许,我们该将其解读为

  [an x such that x is red] Tom,

在这里,使用括号表明它们的组合在发挥谓词功能。

25. 显然,应该留意阐明在什么确切意义上一个虚类抽象词发挥分类词的功能。这个问题还会出现。

V

26. 在考虑虚类策略的其他运用之前应该反思变项的概念。得(和蒯因一样)区分**变项**和**虚假常项**。关键的不同在于,变项受制于量化,而包含虚假常项的表达式仅当其被真正常项取代时才产生陈述。比如,当"f"扮演变项角色,我们可以从

Tom is f

(译作:汤姆是 f)

到陈述

(∃f) Tom is f。

(译作:(∃f)汤姆是 f。)

另一方面,如果它是虚假谓词,那么经过取代我们只能生成(例如)

Tom is wise

(译作:汤姆是智慧的)

这样一个陈述。

27. 日常语言中有些措辞看起来扮演着虚假常项的角色——例如,在教孩子语法的时候。我想到像"such and such""so and so"以及(在某些语境中)它们更简单的近亲"such"和"so"这样的表达式。

28. 因此,如果我们认为

(x) fx ∨ -fx

中的"f"是虚假常项,那么我们可能会将这个式子解读为

Everything is either so or not so。

(译作:一切要么这样要么不这样。)

尽管日常语言没有什么起变项一样的作用,但是我们可以借用它的虚假常项,并且赋予它们变项的角色,在对逻辑式子的通俗解读中使用它们。我接下来将这样做。

29. 我们现在能够就包含非约束谓词变项的开句使用虚类技法。我直接到与我们的弗雷格主义问题相关的一个例子。想想

(x) fx ∨ -fx

在这里"f"是变项。

30. 我们和之前一样建构抽象词,这次是

/f：(x) fx ∨ -fx/

并且,全力来玩虚类游戏(**在某个意义上**,这次属于第二次序),引入"∈"(和之前一样读作"is a(n)"),得到

∈/f：(x) fx ∨ -fx/

我们眼下将其读作

is an f such that everything is f or not f。

(译作：是这样一个 f,即一切要么是 f 要么不是 f。)

31. 我们再次扩充了我们的名谓资源。正如之前我们获得一个新的方式来说"Tom is red",即"Tom∈/x：x is red/",同样我们现在得到一个新的方式来说

Everything is red or not red

(译作：一切要么是红的要么不是红的)

即

Red∈/f：(x) fx ∨ -fx/

或(通俗的)

Red is an f such that everything is f or not f。

32. 关键是指出,尽管"red"这里(至少表面上)用作具有形式

--- is a K

(译作：_____是 K)

的陈述的主词,但它不是单数词项,而是保留了其谓述特征,虽然它在这个语境中实际上没有在发挥谓词的功能。因此,我们要是说

This book is red *and* red∈/f: (x) fx ∨ -fx/,

"red"的使用就没有含糊其词了。

33. 通过书写更复杂的

red∈/f: (x) fx ∨ -fx/

而不是

(x) redx ∨ -redx

可以说,我们从后一陈述将"red"的两次出现拿出,留下它的逻辑构架,将它们合并为一次加前缀的出现——其实这都是为了作相同的陈述。

34. 如果我们使用我们的另一个选项,即去掉"∈",将抽象词视为好像它是谓词,那么

/f: (x) fx ∨ -fx/red

(在虚类语言中,即,使抽象词成为分类词)就变成

[an f such that (x) fx ∨ -fx] red。

35. 我们现在得到名谓资源来以一个至少乍一看似乎抓住了弗雷格"concept"(概念)的意指的方式引入词项"property"(特性)。因为,正如第 33 段指出的,我们的策略通过维护谓词表达式的谓述特征,使我们(至少看起来)能够确切说明这个想法:概念不是对象,即不是对象具有的属性;吉奇和达米特坚持认为,它是

something which everything *is* or *is not*。

(译作:一切要么**是**要么**不是**的什么。)

36. 我们就把

red is a property

等同于

red∈/f: (x) fx ∨ -fx/

即

red is an f such that (x) fx ∨ -fx。

37. 现在,如果我们依照我们对量化的**宽容**处理来概括

red is a property,

那么我们就得到

(∃f) f is a property

(译作:(∃f)f 是特性)

(∃f) f is a concept,

(译作:(∃f)f 是概念,)

心安地将其解读为

There are properties

(译作:存在特性)

There are concepts。

(译作:存在概念。)

Ⅵ

38. 如果上述推理路线可以得到辩护,那么它会具有两个优点:

(1) 它会表明,弗雷格主义者怎么会对概念或特性,即物**是**的而非**具有**的项,作出明确的存在论承诺。

(2) 它会让弗雷格摆脱声名狼藉的困境。他困惑我们怎么会说

red is a concept,

因为"red"看起来在这里发挥单数词项或"名称"的功能,从而代表一个对象。依照上述思路,后一陈述将只是表面上具有形式

[object] is a [non-object]。

(译作:[对象]是[非对象]。)

39. 我已经通过明智地将关于虚类的形式主义结合用来支持将这个形式主义描述为一个虚类理论的通俗解读,来重构(我认为)潜藏于吉奇

和达米特的新弗雷格主义语义学中的思路，尤其是潜藏于他们对为何像

  Red is a concept（or a property）

这样的陈述没有悖论以及为何完全可以对概念或特性作出明确的存在论承诺的解释中。

  40. 当然，根据经典量化描述，我们一旦将

  red is a property

中的"red"视为适合量化，我们就引入了**对象**指称。因此，

  （∃f) f is a property

  （译作：（∃f)f 是特性）

要被理解为明确承诺抽象对象，即承诺**属性**。它会为真，当且仅当

  There is an object such that everything either *has* it or *doesn't have* it.

  （译作：存在这样一个对象，即一切要么**具有**它要么**不具有**它。）

  41. 眼下的寓意是，经典量化理论在当代存在论中扮演着关键角色，从而要彻底察看来确定它是不是清白的——即归根结底没有回避相关的问题。

Ⅶ

  42. 那么，这个巧妙的策略奏效吗？当然，仅当

  (a) 有资格享有

  （∃f) f is a property

  （译作：（∃f)f 是特性）

且

  (b) 有资格将后者改述为

  There are properties.

  （译作：存在特性。）

其中,前者至关重要,因为一旦承认它,后者就可能看起来理所当然地推出。不过连这里我们也得当心。

43. 我已经指出,一个低级错误是,将

(∃f) f is a property

(译作:(∃f)f 是特性)

解读为

Somehow is a property,

然后将"somehow"分成"some how"得到

Some how is a property,

再类比

Some dog is an animal

(译作:某狗是动物)

Therefore, there are animals

(译作:因此,存在动物)

推理出

Some how is a property

Therefore, there are properties。

我已经指出"somehow"中的"how"不是分类词。这个语词是一个统一体,因为它和其他包含"how"的表达式共属一套相互参照设备,所以它看起来像是组合。比如,

Jones is somehow and Smith is that *how*

Jones is somehow and Smith is also *it*。

比较

Something is red and it/that*thing* is also square。

44. 不过,或许,没有这中间的混淆,我们也可以直接从

(∃f) f is a property

(译作:(∃f)f 是特性)

到

There are properties。

（译作：存在特性。）

就是这里产生这个至关重要的问题：我们的新弗雷格主义者有资格享有分类语境

Red is a property

吗？

45. 我已经提出，将第一次序抽象词

/x：x is red/

解读为分类词是无根由的，源于忍不住将"x"本身视为分类词，就像当我们将

（∃x）x is a lion

（译作：（∃x）x 是狮子）

解读为

There is an x such that x is a lion

（译作：存在这样一个 x，即 x 是狮子）

时一样。比较

There is an object，x，such that it is a lion。

（译作：存在这样一个对象，x，即它是狮子。）

46. 同样如此的是将上述抽象词解读为

An x such that x is red。

（译作：这样一个 x，即 x 是红的。）

47. 这个事实将其加固，即

x such that x is red

（译作：x，即 x 是红的）

的解读不行，因为这会将它变成开句，而非谓词常项。这个解读得以某个方式指出变项"x"是约束的。我建议我们根据"something"的类比来

发明"athing"这个表达式,并且将这个抽象词解读为

/athing such that it is red/。

该强调的是,**并非**

/a thing such that it is red/

因为,这将产生分类词的幻想,从而似乎可以引入"∈"来建构像

Tom∈/x:x is red/

这样的语句,并且将其解读为好像它们具有形式

x is a K。

(译作:x 是 K。)

48. 考虑到这一切,我们来回到第二层级抽象词,尤其是回到语句

/f:(x) fx ∨ -fx/red

它被认为是重构

Red is a property。

与有关第一层级抽象词的阐明并行的是,上述抽象词将不读作

An f such that everything is f or not f,

(译作:这样一个 f,即一切要么是 f 要么不是 f,)

而是(用类似"athing"的"ahow")读作

Ahow such that everything is it or not it

Ahow such that everything is thathow or not thathow。

49. 我们只有保持警觉才能避开解读抽象词来给其表层分类词语法的诱惑。我有意强调上述人工解读中的这个诱惑,它始终有可能变成

A how such that everything is that how or not that how,

从而,因为一个扎根于解读量化陈述的根深蒂固习惯的错误

There is an x such that...

There is an f such that...,

犯了与下述中的错误相同的错误

Somehow is a property

Some how is a property

There are properties

或（符号逻辑的）

（∃f）f is a property。

50. 假冒分类词必须放弃。不过，这并没有使"虚类"标写变得无用。它只是断绝其与存在论承诺的所谓联系。因此，虽然

/f：(x) fx ∨ -fx/red

/ahow such that everything is thathow or not thathow/red

不是分类陈述，但是我们仍可以引入有哲学旨趣的抽象词缩写，尽管它只有在**最宽泛**的意义上才是串联"red"的谓词。比如，我们可以写

Attributive red

而非

Red is a property。

如果我们偷偷放入一个系词，根据是在发现"谓述"的地方都可以放，比如

Red is attributive，

那么我们可能会发现自己正在走向一种是之类比（the Analogy of Being）的形而上学。不过，系词的这个使用可以谨慎地视为一个有益的语法表层结构。

51. 尤其得记住，

Attributive red

根据规定逻辑等值于

Everything is red or not red。

（译作：一切要么是红的要么不是红的。）

其首要旨趣在于这个事实，即在一个意义上，它提供一个方式来**言表**后者仅仅**显示**的什么，即"red"具有某一逻辑形式。

52. 和以前一样，诉求宽容原则和符号逻辑自由思维的精神，我们

可以将

　　Attributive red

概括为

　　（∃f）Attributive f。

不过，这不会将我们置于

　　There are attributive entities

　　（译作：存在属性实体）

的射程内，除非我们觉得有资格将

　　（∃f）Attributive f

解读为

　　Some entity, f, is attributive

或

　　There is an entity, f, which is attributive

这无异于放弃所有我们艰苦建构的阐明；狂奔过将经典量化理论和对象非常紧密连结起来的言语桥梁。而且，不管怎样，如果我们真走了这一步，那么我们不会最终得到吉奇和达米特的特性或弗雷格的概念，而是得到**对象**，即得到作为具体对象**具有**或**例示**的抽象对象的属性，而非它们**是**的非对象。

Ⅷ

53. 当我们检验新弗雷格主义理论时，产生了不利于我们之于自然主义指称理论的临时要求的相似考虑。记住，依照这些要求，谓述表达式的适当指称陈述（至少首先近乎）具有用

　　'Red' refers to red things

　　（译作："red"指称红物）

　　'Man' refers to men

（译作："man"指称人）

来说明的形式，它们要被理解为在某个意义上蕴涵在谓述表达式和世界中的物之间的一个实在联系。我将在下文假定，指称陈述不只是"在某个意义上"蕴涵这样一个联系，而且本身断定其实存。

54. 然后，上述第二个陈述断定在语词"man"（或包含语词"man"的语句）与人之间的一个（很可能是复杂的）联系实存。我将随后关注这联系可能会是什么，不过，我现在想阐明的观点不依赖于指称理论的细节。

55. 现在，一个陈述，大意是语词"man"联系人，很可能要用语词"man"的殊型来解释。那就是说，语词"'man'"，作为单数语句（例如）

'man' is a noun

（译作："man"是名词）

的主词出现，在发挥我称为的分配单数词项的功能①。相关语句可以改述为

a 'man' is a noun

（译作："man"是名词）

而且要被理解为等值于

'Man's are nouns。

（译作："man"是名词。）

因此，我们在考虑像

'red's refer to red things

（译作："red"指称红物）

'man's refer to men

（译作："man"指称人）

这样的陈述。

56. 因为，弗雷格理论必不可少的一部分是谓词指称的不是对象，

---

① 《抽象实体》(AE)，转载于 PPME。

所以，弗雷格主义者面对的问题是解释在谓词指称陈述中语词"refers to"（指称）之后的表达式的角色。他显然想要能够大概如下这样推理：

Tom is a man

'Man' refers to - - -

Tom is a [what 'man' refers to]

Tom is a - - -。

57. 他想如下这样填充

Tom is a man

'Man' refers to man

Tom is a [what 'man' refers to]

Tom is a man。

58. 要注意，我们找到

'Man' refers to man

（译作："man"指称人）

而非

'Man' refers to men。

（译作："man"指称人。）

因此，我们的弗雷格主义者可能会看起来承诺这个想法，即这个指称关系的语言外的项是 man 这个实体，从而这个实体是对象。因为我们称为的"真正的关系"是在对象之间。

59. 因此，我们的弗雷格主义者得看到，为了能够从指称陈述的右手边提取谓述表达式，他不是非得坚持形式

'Man' refers to man。

60. 想想下述陈述，它会提供必要线索，

Bees live in hives，

（译作：蜜蜂居住于蜂房，）

再想想下述推理

（1）Bees live in hives

（2）Tom lives in a hive

（3）What bees live in is hives

（4）Tom lives in what bees live in。

〔译作：

（1）蜜蜂居住于蜂房

（2）汤姆居住于蜂房

（3）蜜蜂居住于的是蜂房

（4）汤姆居住于蜜蜂居住于的。〕

显然这条思路有些道理，不过它的结构要进一步明确。

61. 我们接着如下这样：

(x)(x is a bee⊃(∃y) y is a hive and x lives in y)，

Tom lives in a hive。

我们现在引入抽象词

/K：(x)(x is a bee⊃(∃y) y is a K and x lives in y)/，

我们将其解读为

Asort such that for every bee something is a thatsort such that the former lives in the latter，

而且，重构上述论证中的第三步，将这个抽象词串联"hive"来生成语句

/K：(x)(x is a bee⊃(∃y) y is a K and x lives in y)/hive，

我们将其读作

Hive is asort such that for every bee something is a thatsort such that the former lives in the latter。

这个语句具有形式

φ(f)

在这里，"φ"表示抽象词，"f"表示"hive"。它可以称为第二层级谓述，但是得细心区分于

φ（f-ness）

在这里，"f-ness"是单数词项，对应谓词"f"，推定指称抽象**对象**（属性）f-ness[①]。

62. 我们接下来将上述结果和"Tom lives in a hive"联合起来，得到

/K：(x)(x is a bee⊃(∃y) y is a K and x lives in y)/hive *and* Tom lives in a hive。

我们通过 E 量化"hive"得到

(∃K')(/K：(x)(x is a bee⊃(∃y) y is a K and x lives in y)/K' *and* Tom lives in a K')，

这是我们在考虑的推理的第四步的重构。我们将其解读为

Somesort$_2$ is asort$_1$ such that every bee lives in a thatsort$_1$ and Tom lives in a thatsort$_2$，

或（更接近欲想的表层语法的）

Tom lives in somesort and thatsort is such that bees live in *them*。

63. 要将这个策略运用于

'Man' refers to man，

（译作："man"指称人，）

我们得找到一个具有量化结构的语境，它对应

(x)(x is a bee⊃(∃y) y is a hive and x lives in y)。

我们利用这个看似合理的想法，即"man"因指称每一个人而指称人，想到了

(x)(y)(x is a 'man' and y is a man⊃x refers to y)；

我们生成抽象词

/K：(x)(y)(x is 'man' and y is a K⊃x refers to y)/，

[①] 注意（以备参考），根据元素论的原则，"φ(f)"要理解为可用"(x) fx⊃φx"来语境定义，在其中作为个体的谓词出现。

然后是语句

/K：(x)(y)(x is 'man' and y is a K⊃x refers to y)/man，

或(缩减步骤的)

/K：'man' refers to Ks/man，

Man is asort such that 'man' refers to them。

要注意,这上一句一开头"man"的出现维护了其谓述特征。因此,我们可以毫不含糊地从

Tom is a man

到

Tom is a man and man is asort such that 'man' refers to them。

64. 最后,我们得到

(∃K')(Tom is a K' and/K：'man' refers to Ks/K')

Tom is somesort and thatsort is asort such that 'man' refers to them，

这使我们能够维护

Tom is [what 'man' refers to]

(译作:汤姆是["man"指称的])

的精神,同时坚持认为

'Man' refers to men。

(译作:"man"指称人。)

65. 现在,这一切操作的旨趣在于这个事实,即吉奇和达米特这样的新弗雷格主义者想把特性(或概念)不但解释为(我们已经探讨过的)

what everything is or isn't，

(译作:一切是的或不是的,)

而且解释为

what is refered to by predicates。

(译作:谓词指称的。)

比如，

　　Man is a [what is referred to by predicates]

　　Man is a property

（要注意不知不觉进来的"a"）。因为上述策略可以将我们带到

　　/K：a predicate refers to Ks/man

　　Man is asort such that a predicate refers to them。

不过，和以前一样，要从那到

　　Man is a property（or concept），

我们得将

　　/K：a predicate refers to Ks/

解释为分类词——这无法达成。就第一次序抽象词而言，我们可以在陈述形式

　　/x：x is red/Tom

和

　　Tom∈/x：x is red/

之间选择，因为"∈"（读作"is a(n)"）恰当前置有一个单数词项且仅有一个单数词项。这个基本考虑被

　　hive∈/K：(x)(x is a bee⊃(∃y) y is a K and x lives in y)/

所违背，如果"hive"保留其谓述特征不默许变成"hivehood"的话。

66. 我们一直在使用分类词"man"，我们的抽象词确实**包含**分类词的语法角色。它具有形式

　　/K：a predicate refers to Ks/，

我们将其读作

　　asort such that …。

将这个抽象词视为分类词的诱惑的确很强。不过，"asort such that…"**不是**分类词，尤其是，出于我在一些地方已经指出的理由，

　　Man is asort such that…

(如果我在本章的过程中提出的考虑是可靠的)不该读作

　　Man is a sort such that . . . 。

　　67. 因此,尽管我们可以赞同抽象词可以用来定义有哲学旨趣的表达式,比如

　　attribute,

并且生成

　　attributive man,

或(甚至是)

　　Man (is) attributive,

但还是只有犯错我们才会相信我们建造的言语桥梁使我们对"特性"作出存在论承诺。

三、 可有可无的重要性

I

1. 本章我将依照第一章概述的策略论证当然存在像属性这样的抽象对象。我将继续就它们究竟是什么样的对象阐述一种理论。不过,你们可能会料到,我将继续论证,尽管存在属性,但是并非**真的**存在属性。记住,"真的"(really)这个限定表明是在阐明一个哲学观点,因为在"真的"的**日常**意义上当然真的存在属性。

2. 这个论证会携手一个强化了这个断言——即尽管存在属性,但是并非**真的**存在属性——的结果的谓述理论。而且,这又会为一个指称或(我也会说)表示理论打下基础,它称得上是一种自然主义存在论的真正基础。

3. 我将从一个稍微不同的视角来处理第一章提出的问题。因此,尽管我一开始的话题同语言与世界之间关系的一般话题直接相关,但是它聚焦语言的另外一个方面。在第一章,我关注**指称对象**的问题,并且提出了**指称**对象的表达式怎么(可以说)勾连它们指称的对象(不管是具体的还是抽象的)这一问题。

4. 我现在转而关注谓词,虽然我在第二章已经谈过它们,但是我主要关注新弗雷格主义的尝试,即表明重视谓词的独特角色直接导致对谓述实体域——不是对象且由谓词指称的实体——作出存在论承诺。我将在论证后期再谈这个话题。眼下,我将仅强调,弗雷格语言哲学的一个关键优点就是这种对谓词独特角色的强调,就此,它们截然不同于名称,即指称对象的表达式。

5. 显然,唯名论倾向的哲学家得赞同弗雷格,即谓词的角色是独特的。不过,他们得就它是什么想出尽如人意的描述,为此他们得从零开始,因为,一旦搁置(如果上一章的论证是可靠的那么就得搁置)弗雷格的描述,就没有别的得以系统阐述的选择了。或许,其最佳方式是复述一些有关谓述的基本辩证步骤。

6. 比如,想想这两个陈述

a is red

(译作：a 是红的)

a is green

(译作：a 是绿的)

在这里,"a"指称一个事实上是红的的对象。显然,语词"red"和"green"给这两个语句的意指贡献**什么**。而且,同样显然的是,在语言外的域一定有**什么**对应这个贡献并且帮助解释这个事实,即其中第一个陈述为真第二个为假。虽然我说这些是**显然的**,但是它们也令人困惑,就像使用同样有问题的语词"meaning"(意指)和"true"(真的)——当然,还有语词"something"——所显明的一样。

7. 在最宽泛意义上的实在论①可能会被刻画为上述论点,因为它们是显然的,所以可能会被认为没有争论。不过,哲学中最激烈的争论常常围绕显然的。而且,我们此时不推进语词"meaning"和"true"——我们很快会被其吸引——也可以开始关键的辩证步骤,因为注意到"在语言外的域一定有**什么**解释上述第一个陈述为真第二个为假的事实"这个论点(考虑到"something"的灵活性)表明"实在论"可能有**三个**一般形式：(a)愿意将"something"分开为"some"和"thing",而且断言使

---

① 我在传统意义上使用这个词项,即它关乎共相问题——概念实在论,不同于感知理论中的实在论。

a is red

（译作：a 是红的）

为真

a is green

（译作：a 是绿的）

为假的是在 a 和由语词"red"指称的一个特殊的"物（thing）"或**对象**（即一个共相或属性）之间的一个联系在场，且在 a 与由语词"green"指称的对象之间的这样一个联系不在场。

8.（b）实在论的第二个形式虽然愿意将"something"分开为"some"和"thing"，而且虽然提出相同的一般方案，但是否认"red"或"green"指称一个对象。如果词源学允许，那么这将是**非物**（un-dinge）的实在论。

9. 这前两个实在论形式都可以称为"实体的"（entitative），因为它们每一个都用在 a 和语法谓词指称的一个**实体**（对象或非对象）之间的一个联系来理解"a is red"的真。

10. 显然，实在论的第三个一般形式会讳莫如深，它赞同显然的，却拒绝将"something"分成"some thing"，也拒绝用一个由"red"指称的实体来解释"a is red"的真。我打算辩护的是在这第三个意义上的实在论。

11. 现在，一个不错的辩证出发点是罗素在《哲学问题》中的经典共相论证。因为几乎人人都从它开始，也在其课堂上用它，所以我可以长话短说且自由改述。罗素认为，连最简单的（可为真或为假的）语句也得不止由殊相表达式组成。它也得包含不是殊相名称的表达式，例如"white"或"to the north of"。即使一条诱人的思路表明我们可以摒弃"white"，那也只是用另一个同样不是殊相名称的表达式（即"resembles"）取代它。因为摒弃"white"存在困难，所以我们也可能会既妥协"resembles"也妥协"white"。

12. 好，假定罗素是对的，我们确实需要这样的语词。在语法上，它们是谓词。他**没有**表明我们需要抽象单数词项。是的,我们需要"white",但不是"whiteness"。是的,我们需要"resembles",但不是"resemblance"。我们需要不是殊相名称的表达式。我们需要是非殊相名称的表达式吗?罗素想当然地认为回答是"是的"。他有两个明显最优先的考虑。一个是在其表达一个明显真理的意义上的一般实在论论点。另一个是这个事实,即实际上有日常使用的抽象单数词项,它们无疑(a)有意指、(b)**看上去**像名称并且(c)不命名殊相。其中一些通过使用像"-ity""-hood""-ness""-dom"和(用沃伦·G.哈丁的个人语型来讲)"-cy"这样的后缀来从谓述表达式生成。当手边没有这样生成的表达式时,我们总能通过使用系词的动词形容词形式生成一个名词表达式来生成一个等值的,比如

'(the attribute of) being ten feet tall'.

(译作:"十英尺高(的属性)"。)

13. 那么,一个谓词的意指与关联的抽象单数词项的意指的关系会是什么?显然可以找到一些精深步骤,不过最好先看看最简单的,因为传统的辩证就是那样继续的。不过,尽管它简单,却可以也已经以非常精深的方式得到阐明和辩护。

14. 这个表面上简单的步骤认为,谓词和抽象单数词项的不同是表面的。不管怎么解释语法的重复,原则上都是多余的。

15. 我将加快辩证,直接到《数学原理》的标写。我肯定不会断言这个标写——连同它的数学导向——足以完全表达甚至最简单经验陈述的逻辑形式。不过,它确实抓住了其中**一些**——我们忍不住说是它的构架——很多当前存在论充分利用了这个事实。因此,因为我们到达的辩证阶段不关注时间或时态,所以似乎可以略去系词将"a is red"写成

red a。

16. 换换例子,我们在考虑的步骤认为

triangular a

和

triangularity a

之间的不同是纯粹表面的,它不反映重大的语义差异。确切地讲,第二个表述被认为更确切描绘了此断定的语义内容。

17. 如果我们转而关注关系,那么我们已经为这个辩证的转折点——布拉德雷的关系困惑——做好准备。想想

(1) Rab

在这里"a"和"b"是殊相的虚假名称,"R"要被理解为"R-hood",即关系的虚假名称。其实,布拉德雷认为,(1)要为真,a、b 和 R(R-hood)项得关系。纯粹集合

a、b、R

不是一个事实,如果"Rab"仅代表一个集合,那么它会是一个表达式集合,而非一个陈述。不过,如果 a、b 和 R 关系,那么就得有一个产生事实的关系 R' 将它们关系。而且,如果(1)要为真,不止是纯粹的符号列表,那么它得肯定这个关系实存。为此,它得指称这个关系。因为它没有明确这样,所以它得隐含这样。(很可能,它是通过表达一个理解动作,其中在**语言**上隐含的在**思想**中明确。)因此,当上述承诺在语言上明确,(1)就变换为

(2) R'Rab

在这里"R'"代表 R'-hood,其他符号的解释和以前一样。不过,显然,由此类推会使我们很快得出结论认为,(2)也承诺(当在语言上明确时)将它变换为

(3) R''R'Rab

以至无穷。

18. 现在,当 1918 年罗素在与之首次相遇的很多很多年后突然想起布拉德雷的悖论——很久才恍然大悟——他用下述这个常见方式解决了它。他认为,"Rab"表达 a 和 b **处于**(*stand in*)R,不是靠内隐地命

名**处于**关系,而是靠本身就是一个关系模式。罗素将这个反击归于维特根斯坦,尽管他还不是十分清楚,确切地讲,我们将看到,他误用了维特根斯坦的策略。如果我们在罗素认为的问题的语境中重复后者的著名论点(《逻辑哲学论》3.1432),那么它就变成

我们通过将表达式"a""b"和"R"置于某一约定的三元关系来言表a、b处于R。

19. 要注意,这个表达方式包含某个让布拉德雷暖心的悖论方面。因为,就在告诉我们我们通过关系"a""b"和"R"这三个表达式来言表a、b处于R的过程中,它暗示我们可以通过关系"a""b""R"和"stand in"这四个表达式来言表同一回事。如果"Rab"和"a, b stand in R"言表同一回事,那么不就相当于认为"stand in""隐含在""Rab"之中,这样倒退即刻开始。

20. 基本语句的构成的名称模型因此可能使我们回到困境。有没有什么方法,通过对基本语句包含名称也包含非名称这个看法作出最小让步,维护了它的根本断言,但避免了这个危险?回答是"有的"。不过,要看到怎么会作出这个最小让步,首先得将上述原则表述如下来**加压**:

我们**仅**能通过将名称"a""b"和"R"置于某一约定的三元关系来言表a、b处于R。

显然,解决这条原则内在张力的方法只有断言

(1) Rab

[译作:(1) Rab]

和

(2) a, b stand in R

[译作:(2) a、b处于R]

都由置于不同的约定的**三元**关系的名称"a""b"和"R"组成。为此,我们得将(2)的句法形式解释为两个殊相名称("a""b")和关系名称("R")其间有一个"stand in"。那就是说,从逻辑句法的立场看,(1)和(2)都会具

有形式

一个三元关系在"a""b"和"R"(的殊型)之间实存。

21. 由此会推出,在(2)中"stand in"较之于其他表达式在以一个截然不同的方式发挥功能。它不是(按照实在论的这个形式)日常谓词那样的乔装名称,而是可能会称为的**辅助符号**。而且,它**可有可无**,因为(1)和(2)就其与世界的联系而言具有完全相同的意指。在**这个**意义上它们言表完全同一回事;而且,因此,我们可以说

(1)和(2)都言表 Rab

也可以说

(1)和(2)都言表 a、b 处于 R。

22. 再举这个实在论策略的一个例子,我们将能够汲取某些寓意。想想

Triangular a。

依照我们在考虑的这个强势的(或具化的)实在论,这只是表面上不同于

Triangularity a,

我们要用原则

我们**仅**能通过将名称"f-ness"和"a"置于一个约定的二元关系来言表 a 例示 f-ness

来理解后者的逻辑形式。

23. 然后消解这条原则的内在张力,通过断言

(3) Triangularity a

［译作:(3) Triangularity a］

和

(4) a exemplifies triangularity

［译作:(4) a 例示 triangularity］

具有相同的句法形式。每一个都由置于某一二元关系的名称"a"和"triangularity"组成。在(3)中,这关系就是线性串联左边的抽象单数词

项。在(4)中,就是左边的"a"与右边的"triangulariy"其间有一个"exemplifies"。就像"stands in"一样,"exemplifies"不是("triangular"被理解为是的)乔装名称,而是**辅助符号**。它也**可有可无**,因为(3)和(4)就其与世界的联系而言具有完全相同的意指。在**这个**意义上它们言表完全同一回事,我们因此可以将其表述为

(3)和(4)都言表 triangularity a,

也可以表述为

(3)和(4)都言表 a 例示 triangularity。

24. 因为,我们本可以不说

a、b 处于 R,

而说

a、b 例示 R,

所以,我们可以用一个关于例示的论点来表述这整个实在论策略的哲学结局。

例示是**连结**,不是关系。**只能通过将这个共相名称和适当数量(即 n)的殊相名称置于一个约定的(n+1)元关系来表达它**。

25. 博学的读者一定会发现,我一直在描述的看法根本上是新迈农主义者古斯塔夫·贝格曼的,他是当今世上最融贯(一路走到底)的存在论实在论者之一。令人惊奇的是看到逻辑实证主义的形而上学怎么会在短短 25 年内激增。

26. 现在,这个论点显然有一些令人困惑的地方。首先,它坚持例示不能被命名。不过,"exemplification"(例示)和"juxtaposition"(并列)(依照这个论点它**是**名称)一样**看上去像**名称。因此,根据我们在考察的看法,

Juxtaposed a, b

只是表面上不同于

Juxtaposition a, b

在这里"juxtaposition"是一个关系的**名称**。因此,我们想要的是讲述为何

  a exemplifies f-ness

不只是表面上不同于

  Exemplification a, f-ness

在这里"exemplification"是例示关系的名称。

  27. 不过,不会有这样的讲述。这却不足以否定这个策略,确切地讲,对象(殊相与共相)之间的连结的概念——只能通过将这些对象的名称置于一个约定的 n 元配置来表达它——**确实**打断了布拉德雷倒退。

  28. 我想论证,上述**策略**不但是正确的,而且是关于作为表示系统的语言的一个可靠理论(换言之,关于意指和真的一个可靠理论)的三个必不可少的要素中最基础的。要注意,我说这个**策略**是正确的,因为(我将现在论证)尽管它是正确的,却被**误用**了。它从过于丰富的存在论开始。我们将看到,它踩着语义的高跷行走。

  29. 我将通过问下述问题来引入我认为的对这个策略的正确运用。

  有没有可能运用这个策略,同时拒绝将日常谓词视为抽象对象的乔装**名称**——或者,就此,视为指称弗雷格主义的非对象?

我认为回答是"有"。比如我们不再将 PM 语

  Triangular a

视为只是表面上不同于

  Triangularity a,

而是相信其表面特征是牵涉一个非名称(谓词"triangular")。关系陈述类似。我们不再将

  Juxtaposed a, b

视为只是表面上不同于

  Juxtaposition a, b,

而是相信谓词"juxtaposed"是非名称。因为尚未仔细察看名称是怎么

一回事就和以前一样将像"a""b"等这样的表达式视为非抽象对象的虚假名称，所以我们回到维特根斯坦的洞见，这次将其正确的运用给予它。我直接到强行给出答案的表述。

我们**仅**能通过将名称"a"和"b"置于某一约定的二元关系来言表 aRb。

虽然"仅"隐含在《逻辑哲学论》中，却是维特根斯坦的逻辑形式理论所要求的。

30. 现在，想想

(5) a larger-than b

(6) b^a

从上述原则的立场看，可能会有一种英语方言，其中(6)用来完全言表(5)所言表的。那就是说，这两个表达式在明锐的眼中会具有相同的句法形式，与语言外的实在具有相同的联系。

31. 要注意，这次被解释为**辅助表达式**的是日常谓词。比如，在(5)中，我们使用辅助表达式"larger than"就会使得名称"a"和"b"处于其间有一个"larger-than"的二元关系。另一方面，在(6)中，名称"a"和"b"置于没有使用辅助符号的二元关系。

32. 显然，这种方言(我称其为混沌语，我将这语言归于爱德华·利尔荒诞诗中的混沌人)极为不便。难以设计一个充足的式样系统来用指称对象的表达式造句。使用辅助符号和线性串联来以一个便捷的(即使哲学上含糊的)方式得到这个样式要简单得多。

33. 现在，如果你们和遇到它的大部分人一样对自己说

我假定我们**可以**使用"b^a"来言表 a 比 b 大，

就像你们可能会对自己说

我假定我们**可以**用女高音指称未来、男高音指称现在以及男低音指称过去，

并且补充说这是一个已被阐明的不错观点,但为何要做过头,那么你们会遗漏这个策略的哲学意谓。不过,这个**可能**,即使用"b^a"来言表 a 比 b 大,是这个论点无关紧要的方面。重要的方面是这个断言

我们**仅**能通过将名称"a"和"b"置于一个(约定的)二元关系来言表 a 比 b 大。

因为**这**才是正确描述意指和真的基础。

34. 因此,仅仅想到我们**可以**使用"b^a"来言表 a 比 b 大这个事实的人会忍不住寻找

b^a

的某个方面**在起到**"larger than"在

a larger than b

中起到的作用:例如,"the *fact* that 'a' is above 'b'"或"'a''s *being above* 'b'"。至关重要的是领会**在**(6)**中**或**关于**(6)**没有什么**在起到"larger than"在(5)中起到的作用。很多哲学家当面错过这一点,因此没能把握它的意谓。

35. 显然,"a"在"b"上面这个事实对于(6)在扮演的语义角色必不可少。不过,那个事实不起到"larger than"起到的作用。而是它起到"a"和"b"其间有一个"larger than"这个事实在(5)的情况中起到的作用。我来再说一次:**在(6)中或关于(6)没有什么在起到"larger than"起到的作用。**

36. 这绝不是吹毛求疵,当我们意识到(5)中的"larger than"是**对象**,即语言书写,**不是事实**,就应该清楚了。**确切地讲,维特根斯坦自己没能领会他的分析的全部意谓,这可以归结为他的事实存在论。**

37. 上述相当于断言,不但谓述**表达式**可有可无,而且谓词发挥的真正**功能**可有可无。要是这样就击中了弗雷格语义学的要害。因此,以防严重的误解,我来赶紧补充说我在将维特根斯坦的策略(像他一样)仅

仅用于经验的或事实的谓词,包括理论科学的。

38. 因此,"谓词"这个词项常常在宽泛的意义上使用,在这个意义上任何"开句"都被刻画为"谓述语境"。因此,得看到,当我说**谓词的真正功能可有可无**,我不是在作一个看起来荒谬的断言。它可能归根结底是荒谬的——哲学错误归根结底总是荒谬的——不过,得辩证表明它的荒谬,通过哲学论证,而不是通过指出。

39. 从我一直在阐述的视角看,弗雷格关于我一直在讨论的谓词的相应概念语词有两个洞见:(a)它们不是对象的名称;(b)谓词以一个独一的方式贡献其出现于的陈述的语义角色。他的错误是将那个角色同化一般的指称范畴,这个错误和(b)一起必然导致这个看法,即谓词**指称非对象**。

40. 我们也能定位蒯因的一个洞见。他在《论何物存在》以及其他地方说谓词是助范畴表达式(syncategorematic expressions),贡献语句的意指而不指称。它们展现一种语言的"理念论"(ideology),而非它的存在论。它们被说成"之于对象为真"。"red"之于 a 为真,仅当 a 是红的。**但是**,蒯因没有给出一个**理论**来解释它们的助范畴特征究竟在于什么。不过,他确实将它和难以量化联系起来——确切地讲,这看起来差不多就是它的定义特点。另一方面,我的分析**解释**谓词的助范畴特征而**根本没有提到量化**。这使概括的概念摆脱了嵌入经典量化理论的与对象和存在论的紧密连结,而且证成了符号逻辑自由思维的诉求,这个诉求保护我们对"something"的探讨。**概括的角色不连结对象**,尽管——微不足道的是——**关于对象**的概括的角色连结。

41. 好,如果谓词就是辅助符号,那么这衍推一个陈述和语言外实在的联系不直接牵涉一个谓词和语言外实在的联系。谓词的在场给陈述中的名称一个独特特征,**它们借此联系语言外实在**。不过,名称本可以得到一个同等有效的独特特征,尽管陈述不包含谓词。

42. 其间有一个"larger than"的两个名称是一个比另一个大的对

象的语言对应。不过,在混沌语方言中,两个名称,其中一个置于另一个上方,也是一个比另一个大的对象的语言对应。

43. 在每一情况中,独特特征——具有那个特征的名称借此发挥一个比另一个大的对象的语言对应的功能——是约定的。因此,辅助符号可以是"glubber than"而非"larger than",而且,在另一种混沌语方言中,用

(6) b^a

作出的陈述可能会用

(6′) a^b

作出。

44. 显然,一种语言表示理论会认为在(5)或(6)和语言外实在之间的联系涉及两个维度:(a)在一个维度,每一名称都是一个对象的语言对应,可以说,它指称那个对象;(b)在一个维度,名称因具有某一特征而形成陈述(在逻辑学家意义上的无关于以言行事效力的"陈述"),而且可以说,它刻画被指称的对象。

45. 比如,在陈述

(5) a is larger than b

[译作:(5) a 比 b 大]

中,第一个名称是"a",第二个名称是"b",其特征是其间有一个"larger than"。这些关于名称的事实究竟**怎么**牵涉这个语句发挥语义功能,这是本书关注的最根本问题。不过,这得用正确的工具来细心解答。

46. 因此,事实上,在推进到这项任务之前,还是退回一点、巩固基础、清除一些其他误解根源为好。

47. 我们来首先将上述考虑用于一位谓词的情况。在这个情况中,我们的《逻辑哲学论》原则变成

我们**仅**能通过以某一约定样式殊型化一个"a"来言表 fa。

48. 比如,想想

(7) Red a

(8) A。

这两个语句,一个用《数学原理》的语言形式,一个用一种混沌语方言,作出了相同的陈述。每一个的句法形式都是这个特征,即是以某一样式书写的"a"。

49. 因此,要注意,(8)具有两个语义相关的特征;它靠一个而是"a",这个属的特征接受广泛的确定值;它靠另一个而具有某一样式。这未必在于它具有某一形状——确切地讲,可能会是大小或颜色①。比如,(8)是"a"这个事实紧密相连它**指称** a 这个事实,它是某一尖角样式的"a"这个事实紧密相连它将 a **刻画**为红的这个事实。当然,这些特征究竟**怎么**紧密相连指称和刻画,是语言表示理论的核心问题。

50. 我们可以这样说,"a"是 a 的语言表示或对应,某一样式的名称(例如串联一个"red")是红的对象的语言对应。在后一方面,说名称具**有对应特征**是有益的,我们可以用谓词"red*"来表示。比如,

red* 'a's

指称是红的*的"a",就像"white dogs"指称是白的的狗一样。

51. 就像关系谓词的情况一样,得强调在**(8)中**或关于**(8)**没有什么起到"red"在(7)中起到的作用。显然,这个事实,即(8)是某一尖角样式,对于它在扮演的语义角色必不可少。不过,那个事实不起到"red"在(7)中起到的作用。而是它起到这个事实,即"a"左边串联语词"red"的殊型,在(7)中起到的作用。因此,上述(第 39 段)就弗雷格经验谓词描述的优点和缺点所阐明的同样适用于一位谓词。

---

① 维特根斯坦在《逻辑哲学论》中提出,有语义意谓的样式的兼容与不兼容可能会反映性质空间的兼容与不兼容。

II

52. 我们看到,从一个唯名论的视角看,一种清晰方言会通过将"x_1"和"x_2"的殊型置于对应二元关系 $^2R_1{}^*$,例如**左斜**,来表示 $x_1{}^2R_1x_2$,比如

  x_1

   x_2

可能会用

  x_2

   x_3

来表示 $x_2{}^2R_2x_3$,对应关系 $^2R_2{}^*$ 是**正上方**。

53. 要注意,这些表示可以以两个方式组合来生成一个(在一个意义上)具有相同"内容"的复合表示。(a)它们可以通过逻辑合取运算来组合,比如:

  x_1 x_2

   and
   (且)

  x_2 x_3

(b)它们可以不使用连结词"and"以一个复杂表示来组合,比如:

  x_1

   x_2

    x_3

从而,适用于这个情况的合取引入规则可以表述为

  'x_1 'x_2 'x_1 x_2

 from   and   infer   and
 (从)   (且)   (推论出)   (且)

  x_2' x_3' x_2 x_3'

也可以等值地表述为

$$\text{from}(从)\ \text{`}x_1\ x_2\ x_3\text{'}\ \text{infer}(推论出)\ \text{`}x_1\ x_2\text{'}\ \text{and}(且)\ \text{`}x_2\ x_3\text{'}。$$

54. 可能会认为，

$$\text{`}x_1\ x_2\ x_3\text{'}$$

仅表面上不同于

$$\text{`}x_1\ x_2\text{'}\ \text{and}(且)\ \text{`}x_2\ x_3\text{'}$$

可以说，另一个书写它的方式，就像

'Socrates and Plato'

根据定义等值于

'Socrates'⌒'and'⌒'Plato'

而非

'Soc'⌒'rat'⌒'es'⌒'and'⌒'Plato'。

不过，这会如此，仅当表示

$$x_1\ x_2\ x_3$$

仅表面上不同于表示序列

$$x_1\ x_2,\ x_2,\ x_3。$$

从这个事实可以看出并**非**如此,即前者以一个方式包含表示

  x_1

    x_3

后者以这个方式不包含。

  55. 另一方面,从一个柏拉图主义的视角看,一种清晰方言会通过将"x_1"和"x_2"以及"$^2R_1$"的殊型置于一个对应例示联结的三元关系来表示 x_1 和 x_2 例示 $^2R_1$,比如

  $^2R_1[x_1, x_2]$。

会通过将"x_2""x_3"以及"$^2R_2$"的殊型置于**相同的**对应关系来表示 x_2 和 x_3 例示 $^2R_2$,比如

  $^2R_2[x_2, x_3]$。

因为,由于这个对应表示的联结(nexus)或连结(tie)在两个情况中是相同的(即关乎二元关系的例示),清晰性要求这个对应是相同的。

  56. 适用于这个情况的合取引入会是

  from(从)'$^2R_1[x_1, x_2]$' and(且)'$^2R_2[x_2, x_3]$' infer(推论出) '$^2R_1[x_1, x_2]$ and(且)$^2R_2[x_2, x_3]$'。

  57. 现在,要注意,虽然柏拉图主义者可以仿效混沌语,即他可以使用一个表示方式,**视觉上类似** $x_1\,^2R_1\,x_2$ 这个命题的混沌语表示,即

  x_1

    x_2

但是,尽管**视觉上**类似,也得对其作出不同的**语法分析**。要看到这一点,我们只需提到《逻辑哲学论》的公理

  我们**仅**能通过将诸对象的名称置于一个对应 n 元关系 "^nR_i" 来言表诸对象处于一个 n 元关系 ^nR_i。

因为这要求以一个共同形式来对(从其视角看)含糊的

x_1

x_2

和清晰的

$^2R_1[x_1, x_2]$

作柏拉图主义的语法分析；这又要求前者的**什么**在发挥（推定的）**对象**$^2R_1$的名称的功能。因为它不含有起这个作用的**殊相**（即语言**殊型**），所以一定是前一表示的其他（推定的）构成起这个作用，即**命名关系**$^2R_1$。柏拉图主义者在关系**左斜**（catacorner-left-to-ness），即一个**共相**而非一个殊相，找到这个名称。

58. 因此，前者要语法分析为

名称（1）"x_1"的殊型（2）"x_2"的殊型以及（3）**左斜**①处于这个三元关系（连结），即由［(1)、(2)］之于(3)的二元关系例示。

59. 另一方面，后者要语法分析为

名称（1）"x_1"的殊型（2）"x_2"的殊型以及（3）"$^2R_1$"的殊型处于这个三元关系，即**线性串联**，以(3)、［(1)、(2)］的顺序。

60. 在每一情况中，相关的表达式都被柏拉图主义者理解为将对象x_1、x_2、$^2R_1$的名称置于一个约定选定的三元关系。第一个（或伪混沌语）表示的含糊特征是（在柏拉图主义者看来）由于这个事实，即在伪混沌语中，**共相**直接发挥名称的功能，不靠符号殊型。

61. 因此，柏拉图主义者的语法心眼"看到"表示

x_1

x_2

不（和唯名论者一样）是

名称"x_1"的殊型在名称"x_2"的殊型左斜，

---

① 当然，关键要记住，表达式"catacorner-left-to"（左斜）是在**被使用**而非**被提及**。在发挥名称功能的是这个关系本身，即一个抽象实体。

而是

名称"x_1"的殊型和名称"x_2"的殊型共同例示名称**左斜**。

62. 同样,唯名论者看到复杂表示

x_1
 x_2
  x_3

是

"x_1"的殊型在"x_2"的殊型左斜,"x_2"的殊型又在"x_3"的殊型上方,而柏拉图主义者"看到"其是

"x_1"的殊型和"x_2"的殊型共同例示名称**左斜**(catacorner-left-to-ness),"x_2"的殊型又和"x_3"的殊型共同例示名称**正上方**(immediate-above-ness)。

63. 比较后者和柏拉图主义者对在他看来的清晰文本

$^2R_1[x_1, x_2]. \ ^2R_2[x_2, x_3].$ ①

的语法分析。语法分析是

(1)"x_1"的殊型(2)"x_2"的殊型(3)"$^2R_1$"的殊型以(3)、[(1)、(2)]的顺序线性串联;之后是(4)"x_2"的殊型(5)"x_3"的殊型(6)"$^2R_2$"的殊型以(6)、[(4)、(5)]的顺序线性串联。

64. 要注意,混沌语和伪混沌语有两个方式来言表合取命题

x_1 x_2
  and
  (且)
x_2 x_3

所言表的,即

---

① 注意:这个表达式不是**合取**而是两个语句殊型的**序列**,每一个都标上句点或句号。看到它这样标上,就相当于看到它**作为**一个序列或两个**语句**。在这个意义上,考虑到语言有齐整的生成规则,标点是多余的。

x_1　　　x_2
　・　　　　・
x_2　　　x_3

（在这里点是句点）和

x_1

　x_2

　　x_3

而清晰的柏拉图语只有一个，即

$^2R_1[x_1，x_2].\ ^2R_2[x_2，x_3]..$

65. 这个事实高度相关一个复杂表示（地图）阶层（其构成具有一个**经验**结构）在一个足够唯名论的语言表示理论中的中心角色。因为具有这个经验形式（即作为记号设计殊型），它们以规则支配的语言行为的齐一性发挥功能。

66. 语言的生成规则选定具有某些**经验**形式的项来具有**谓述**形式意义上的**逻辑**形式①，即它们发挥原子语句的功能，但是（**因为在这个阶层发挥功能**）不具有**经历**逻辑运算意义上的逻辑形式（为真函项组合、量化），尽管它们作为**表示**系统的构成**面临**这些运算，要么直接地（可以说，通过转变身份）要么**间接地**通过关联（可以翻译成）其他直接面临这些运算的设计。

67. 在结论章，我将探讨描绘（mapping）在（足够）唯名论的表示理论中的角色。我现在是想表明，在一种**柏拉图主义**的存在论中，原子**语句**描绘对象，靠（a）一个**命名**关系和（b）一条描绘原则，依照这条原则

名称的**串联**描绘殊相之于共相的**例示**，

---

① 这不是说，一项可以仅靠生成规则得到谓述形式。不可能有一个仅有"生成规则"的表示系统。这些评论的关键在于区分"逻辑形式"的不同意义。

因此,依照这条原则,描绘样式的**多样**就是例示方式的**多样**,即一元的、二元的、三元的,等等(如果还需要更多的话)。

68. 另一方面,在有洞见的唯名论者看来,描绘的样式与简单的**事实的性质和关系一样多样**①。

Ⅲ

69. 在本章的开始,我指出"显然,语词'red'和'green'给语句'a is red'和'a is green'的意指贡献**什么**",而且"同样显然的是,在语言外的域一定有**什么**对应这个贡献并且帮助解释这个事实,即其中第一个陈述为真第二个为假"。我接着告诫不要假定相关的**什么**是**对象**或弗雷格主义的非对象。这个什么**是**什么?说

red objects and green objects

(译作:红的对象和绿的对象)

可能看起来虎头蛇尾,不过,这(如果不是结尾)至少是一个可靠的语言表示理论的结尾的开始。因为,用一个自相矛盾的说法来讲(事实上是实质地讲),红的对象既非对象,亦非**弗雷格主义的非对象**。即,形式地讲,"red objects"既非单数词项亦非**弗雷格主义的**谓词。

70. 我因为弗雷格理论的细节而强调"弗雷格主义的"。不过,有一个意义,在这个意义上,我在本章一直在阐述的看法主要本着弗雷格的**直观**的精神。"red objects"可能既非名称亦非弗雷格主义的谓词,但它不是虚类抽象词吗,从而终究是谓词吗?而且,考虑到我们(在第二章第62—64段)用

'Man' refers to men

---

① 应该显而易见的是,绝对区分"简单的"和"复杂的"特性(谓述表达式)的最终理据要求提到这些特性(谓述表达式)牵涉的规律(真的规律一样的陈述)。不过,要揭示**这一点**就必须探讨关于**我们**的世界的**理想**的表示的概念。

（译作:"man"指称人）

来重构

'Man' refers to man,

（译作:"man"指称人,）

我们不可以说**人**（*men*）是在语言外的域给为何"Tom is a man"为真的解释贡献的**什么**吗?

71. 导致这个事实——即"man"指称人——的"实在关系"肯定得是在语词"man"与人之间的实在关系,这个关系要用具有虚拟形式的具体说明表达式殊型（包括包含语词"man"的语句）和语言外对象（包括人）牵涉的齐一性的概括来表述。这些齐一性可能会是什么,以及怎么归类它们,这些问题我会再谈。

72. 我将用来结束本章的观点是,**相关的**概括（可以说）不是将"red"**单独**关系红物,也不是将"man"**单独**关系人。它们将包含"red"的**语句**表达式关系红物,将包含"man"的**语句**表达式关系人。因为,毕竟,如果我们对谓述的描述是正确的,那么相关的这种联系也得适用于混沌语方言,**其中没有谓述表达式**。

73. 因此,我们在寻找指称的事实基础时得避免的图画是,据此,在"a is red"与非语言域之间的联系是在"a"和 a 之间的联系与"red"和红的对象的联系的组合函项。因为,就是这幅图画产生了持久的诱惑将"red"的语义功能同化"a"的,从而认为"red"要么指称一个对象（redness）要么指称一个非对象（　）is red。每一情况的结果都是一种将红物理解为殊相的形而上学,在一个情况中,殊相用"exemplify"来连结属性 redness,在另一个情况中,殊相"充满"有缺口的（谓述的）实体,即（　）is red。

74. 我们反而得比弗雷格还更重视**语义角色的首要性**。一个正确的谓述理论,（矛盾地讲）强调谓词可有可无,使我们能理解"red"怎么指称红物,而不从一个更基本的在"red",或者甚至具有形式"x is red"的语句,与一个未充满的(或谓述的)实体——即( ) is red——之间的关系推导出这个事实。

75. 弗雷格主义者可能会试着减少分歧,说根据我自己的描述,"x is red"逻辑等值于"x is a red thing",从而"x and y are red"逻辑等值于"x and y are red things"。他继续说,"x is red"与"x is a red thing"之间以及"red thing"与"red things"之间的不同是表面的。因此,他否认他在有任何旨趣的意义上从一个更基本的在"x is red"与一个未充满的(或谓述的)实体——即( ) is red,不同于未充满的(或谓述的)实体,即( ) is (are) (a) red thing (s)——之间的关系,**推导出**具有形式"x is red"的语句和红物之间的关系。不过,这仅表明弗雷格的理论即将并入一个正确的谓述理论,并且激活一个正确的关于谓词指称角色的理论。

76. 因为,关键仍在于未充满的(或谓述的)实体——即( ) is (are) (a) red thing (s)——不同于**红物**。语词"谓述的"露出马脚,因为,请维特根斯坦原谅,语言外的域由**对象**组成,**而非事实**。直截了当地讲,命题形式仅属于语言和概念的次序。红物**不**具有命题形式,因此,"未充满的"(或谓述的)实体——不管是( ) is red 还是( ) is (are) (a) red thing (s),都被充分赋予谓述形式——不是牵涉"red"指称角色的事实关系的语言外的项。

77. 不过,这些评论仅仅指出在建构一个语言表示理论中余下的任务的诸维度。不过,在可以阐明它们之前,必须用一个考虑到(用弗雷格主义的语言来讲)指称也考虑到意义的意指理论来补充它们。

四、意指与存在论*

I

1. 在其令人敬佩的文章《意指的三个层次》中①,吉尔伯特·哈曼区分了哲学家们在试着阐明语言表达式有意指是怎么一回事时采取的三条进路。每一条进路都在不同的语言功能找到了引导我们穿过语义学迷宫的阿里阿德涅的线。一派的中心主题是认为,可以说,至少在独特的人类层级,我们就靠语言来思想。另一派在传达这个事实中找到自己的线索。第三派聚焦在像陈述和许诺这样的语言动作与广泛社会实践之间的密切关系。

2. 哈曼(我认为正确地)指出,这些被看作回答同一个问题的三种尝试的策略有严重混淆,这样看它们的人已必然陷入没有结果的争论。他也(我认为有点豁达地)提议我们将它们看作回答三个不同问题的尝试,并且因此建议我们不要指责它们任何一个"没能做到仅用一个其他层次的意指理论可以做到的"②。

3. 哈曼将这三类意指进路称为"分别是层次 1、2、3 的意指理论"。在我看来,他正确地认为,我们靠语言思想的意指进路是基础的,因此是"层次 1"。他指出,层次 2 的理论,即传达(思想)的理论,预设一个会说

---

* 本章主要是《作为功能归类的意指》(*MFC*)的修订,*MFC* 载于 J. C. 特洛耶、S. C. 惠勒三世编辑的《意向性、语言与翻译》(Dordrecht, Holland, 1974 年)。
① 《哲学杂志》,1968 年第 65 期,第 590—602 页。本文转载于 D. D. 斯坦伯格和 L. A. 雅克布维茨编辑的《语义学》(Cambridge, England, 1971 年)。参考页见下文。
② D. D. 斯坦伯格和 L. A. 雅克布维茨编:《语义学》,Cambridge, England, 1971 年,第 71 页。

各个思想是什么的层次 1 的理论。同样,层次 3 的理论(即对语言动作的描述)几乎总得预设层次 2 的理论(因为,例如,在作一个陈述时,就像许诺,我们得传达相关信息)。他推断,"一个层次的理论不提供其他层次的好理论。关于思想意指的理论不提供关于传达的好描述。关于意指和传达的理论不提供关于言说动作的好描述"①。

4. 现在,要领会哈曼的意指理论三层进路的重要性,我们不必赞同连独特的人类思想也真正"用词句"来从事。因为,即使我们(就像我一样)发现,提到"内在概念片断"——它们只有在一个类比意义上是"言语的"——是可能会称为的精细心理学解释的一个不可或缺的特征,仍可能将这个"精细"框架理解为理论丰富一个"粗糙"解释框架——它就将思想**等同**这样的过程:它们是真正意义上的"言语"过程(如果我可以这样说的话),即言语行为及其趋向的序列。

5. 要真正有助于非笛卡尔式心灵哲学,这个"粗糙"框架得在其含有意义和指称——即不提到非言语的"内在概念片断"也能完全阐明的意指和真——的范畴的意义上理解为方法论上自主的。这样想来,心理学解释的这个行为主义阶层可以**直接**用语义语言来刻画语言片断,即没有外显地或内隐地提到"内在概念片断"——从丰富过的框架的立场看,它们涉及对其发生的"精细"解释。

6. 正如微观物理理论通常利用感知层级的概念独立的模型,同样,我将在下一章论证,"内在概念片断"的解释功能可以理解为依靠一个自主的原心理学框架,其中描述、解释和评价了语言活动,没有提到它支持的"心理动作"的框架。

7. 假定这样一个原心理学框架可以独立,我将用一个断言形式来陈述它,即典型的人类层级的思想就**是**这个框架所描述的。我将把这个断言称为言语行为主义(VB)。当然,我不是提出它来充分描述思想;确

---

① D.D.斯坦伯格和 L.A.雅克布维茨编:《语义学》,Cambridge,England,1971 年,第 68 页。

切地讲,它太过于简化。不过,我相信,它为阐明语言哲学中的某些关键问题提供了一个有益策略。

8. 有了这些限定,我要着手的事业就可以刻画为构建一个哈曼意义上的"层次 1 的意指理论"。

II

9. 接着,按照 VB,想"that-p",在这里的意思是"有思想 that-p 在我们身上发生",其**首要**意义是**说"p"**,其**次要**意义在于它代表一个短期的近前趋向去说"p"。趋向往往会现实化(关于这个期间的一个逻辑点);当它们没有现实化,我们就说它们(例如)"受阻"。我在建构的 VB 认为,阻止说 that-p 的相关抑制因素是不在出声地想的心境。假如我们将其理论化,我们可能会使用总"开关"的模型,当孩子学会只想不说,总开关就装入了他的"线路图"。

10. 同样,出声地想 that-fa 要被理解为(讲严格 PM 语言的人)坦诚发声"fa",这实现"f"和"a"的部分概念功能,而且关系它们的其他概念功能,就像在下棋过程中将一个兵置于棋盘**实现**一个兵的部分功能,而且关系它的其他象棋功能。

11. 要注意,我一直在将 that 分句视为加引号的表达式,比如,在上面的描述中,

the thought that 2+2＝4 occurred to Jones

(译作:思想 that 2+2＝4 在琼斯身上发生)

变成

Jones said（or had a short term proximate propensity to say）'2+2＝4'

［译作:琼斯说(或有一个短期的近前趋向去说)"2+2＝4"。］

因为,VB 认为,如果想是言语活动,那么,通过使用"间接话语"来将某

一思想归于一个人,不只是类似于,而且是等同于说某人所说(或倾向所说)。

12. 上述将加引号等同于间接话语,当然,不但是**狭隘的**,因为它在只有一种语言——说者的语言——的语境中看后者,而且它没能考虑到这个事实,即:即使就同一种语言而言,人们也可以发出有重要不同的声音"p""q""r"且仍被正确描述为说 that-p。阐明这个事实要求描述意指的相似及其与间接话语的关系。

13. 在任何日常意义上,当然,说"p"都是行动或执行(performance)。从本文的视角看,将发声(utterance)刻画为"saying"(当动词"to say"是日常使用)准许它要么是自发的出声地想 that-p,要么是蓄意使用词句来达到一个目的。另一方面,这里动词"to say"在排除了这些选项的**人工**意义上使用,发声专门理解为自发的或坦诚的出声地想。

14. 笛卡尔或亚里士多德意义上的心理动作当然不是**行动**,而是**现实**(actualities),因此,出声地想——我给被理解为精细解释框架中的要素的经典心理动作提出的模型——一定不能被认为是语言行动。

15. 另一方面,即使个体心理**动作**(比如想 that-fa)本身不是**行动**,它也很可能出现在一个心理动作序列中,这个序列**作为序列**构成一个心理行动,例如,琢磨是否作出某种行为。相应的,出声地想 that-p 的动作很可能出现在一个出声地想序列中,这个序列构成这个**行动**,即出声地琢磨是否作出那种行为,即使出声地琢磨不是指向**他人的**或**社会的**行动①。因此,言语行为主义者可以将行动出声地琢磨理解为精细理解**内心**琢磨是怎么一回事的模型。

16. 如果所有完全成熟的语言片断是行动,那么学会一种语言就是学会一个行动库。这个看语言的方式以下述方式支持了笛卡尔主义者。显然,并非所有的思想是行动。确切地讲,像感知认定、推论和决断这样

---

① 关于传达语境中的语言行为的话题将在下一章探讨。

核心种类的思想不是行动,就是因为它们不是可以意向完成的或我们可以决定去做的。我们可以决定**去看看隔壁房间**,却不可以决定**去认定有一个窃贼**在隔壁房间。当然**有心理行动**,比如,解一道数学题或琢磨穿什么。不过,上文指出,它们由本身不是行动的思想链条组成。

17. 如果所有**语言的**片断是行动,那么所有有概念意指的非行动就得是非语言的,从而得是在类似笛卡尔意义上的思想。就是在这个**非语言**的层级会发生思想,**语言**的活动借此可以实现意向且构成一个行动域。由此仅一步之遥的是将语言理解为本质上是工具,用来——当我们坦诚的时候——"表达思想",一般来讲,用来使他人相信我们相信 that-p(或意向 that-p),或许是意向他们相信我们意向他们这样相信,等等。所有语言片断就是行动了;不只是陈述、许诺、告诫等这些。

III

18. 我们可以想象孩子学一种他可以用来感知、作推论、行动的初级语言。其间,他起先发出**听起来像**语词和语句的声音,最后发出是语词和语句的声音。虽然我们可能会使用加引号的词句来描述他在两个阶段的行为,但是在前期我们在将他的发声归类于**声音**,只是出于礼节和期望归类于**词句**。只有当孩子掌握了他的发声怎么在这语言中发挥功能,才可以恰当地将他刻画为说 "This is a book" 或 "It is not raining" 或 "Lighting, so shortly thunder"。

19. 我提出下述作为我想辩护的论点的初始的或初步的描述。说一个人说**什么**,或者(更一般地讲)说一种发声说**什么**,就是将这发声进行功能归类。这个功能归类需要专业(例举)使用听者很可能熟悉的(即,可以说,在其背景语言中的)表达式。

20. 在发声归类关于的功能中,一些是纯粹语言内的(句法的),在简单情况下,像经典逻辑句法描述的那样关联生成规则和变换规则。另一些有关作为对环境对象引起的感觉刺激的回应的语言——比如，坦诚地说或有短期趋向去说"Here is a penny"或"This table is red"。还有一些有关实践思想和行为的联系。

21. 所有这些功能发挥的维度在元语言层级再现于我们用来回应言语行为、作关于言语行为的推论、从事关于言语行为的实践思想——即关于出声地想（或趋向去出声地想）的实践出声地想（或趋向去出声地想）——的语言。

22. 因此，当我们使用加引号的表达式来刻画一个人的发声时，我们暗示此发声例证某些具体发挥功能的方式。例如，这样说是荒唐的：

虽然汤姆**说**（不同于"发出声音"）"It is *not* raining"，但是，连在严肃的心境和在天气状况有重大实践意义的语境中，也可以倾向于出声地想"It is raining *and* it is *not* raining"。

因此，使用包含逻辑语词的加引号语句来刻画一个人的发声，就是暗示相应的声音在相关的言语行为中正确发挥功能；从而暗示这些发挥功能的方式具有的齐一性在他的出声地想和近前趋向去出声地想中展现。

23. 该强调的是，有意指的言语行为牵涉的齐一性既包括**积极**齐一性（即共在的齐一性）也包括**消极**齐一性（即回避某些组合）。确切地讲，消极齐一性扮演的角色更重要得多，而且支配它们的规则要被理解为**限制**而非激励。

24. 功能发挥，它给学会一种语言的人的发声以其意指，只**能**在齐一性的层级实存，和刚学说话的人的情况一样。训练他的人（比如他的父母）考虑这些功能发挥，试着确保他的言语行为示范它们。就此而言，训练者不但在受训者的层级操作，即想着关于物的思想，而且在更高的层级，即想着关于第一层级的语言借以得到其具有的意指的功能的思想。用传统语言来讲，训练者知道支配语言**正确**发挥功能的**规则**。语言学习者起先**符合**这些规则，自己不把握它们。

25. 只有到后来，语言学习者变成完全成熟的语言共同体成员，他思想（理论的和实践的）思想，不但关于**非语言的**项，而且关于**语言的**项，即（从 VB 的视角看）关于**第一层级**的思想。

26. 他那时已从他人训练和批判的对象，发展到他能训练和批判其他语言使用者，乃至他自己。确切地讲，他现已达到这个层级，即他能表述新的精深标准，用来重塑他的语言和发展新的思维方式。

27. 语言规则的概念的关键在于其与模式支配的语言行为的复杂关系。模式支配的行为的一般概念经常遇见。大致地讲，这个概念关于的行为展示一个模式，不是因为通过意向它展示这个模式将其实现，而是因为发出这个模式的行为的趋向已有选择地加强，而发出不符合这个模式的行为的趋向已有选择地压制。一个有益的类比是自然选择导致了构成所谓的蜜蜂语言的行为模式①。

28. 如果模式支配的行为可以通过"自然"选择产生，那么它也可以通过训练者有目的的选择产生。他们可以被理解为推理：

某某一种模式行为**应当是**由受训者展示；因此，我们训练者**应当做**这个和那个，很可能会将它的展示实现。

29. 要记住的基本点是：

一次模式支配的行为**本身**不是行动（尽管行动可以由模式支配的行为的序列组成），

而且

其正确或不正确不是**行动**的正确或不正确，而是不是行动的事件的正确或不正确。

后者的一个明显例子会是为丧失亲友的人**感到悲伤**的正确性。

30. "This is red"作为对红的对象的模式支配的回应不是行动。然而一条规则适用于它，确切地讲，一条牵涉对其发生的解释的规则。不

---

① 参见《关于语言游戏的一些反思》*SRLG*（24），作为第 Ⅱ 章转载于 *SPR*。

过,其直接适用的规则应当是,它靠这个事实牵涉此解释,即它被帮助说者习得他的语言能力的训练者所设想。受训者符合**应当是**(*ought-to-bes*),因为训练者服从相应的**应当做**(*ought-to-dos*)。

Ⅳ

31. 三类模式支配的语言行为对于任何语言都必不可少。

(1) 进入语言转变:**其他条件均同**,说者用适当的语言活动,回应感知情境中的对象,回应自己的某些状态。

(2) 语言内转变①:说者的语言的概念片断往往以(理论的和实践的)有效推论的模式发生,往往不以违反逻辑原则的模式发生②。

(3) 离开语言转变:**其他条件均同**,说者用手的向上运动等回应像"I will now raise my hand"这样的语言的概念片断。

32. 必须指出,从事这样的出声地想的能力不但作为模式支配的活动**习得**,而且它们**一直**是模式支配的活动。感知认定、推论和决断这些语言活动**绝不会**变成**服从应当做**规则。比如,比较

(A) 琼斯　All men are mortal.

　　　　　　So, no non-mortals are men。

　　　　　(译作:所有人是会死的。

　　　　　　　因此,没有不死的人。)

(B) 史密斯　If I am entitled to 'All men are mortal', I am
　　　　　　entitled to 'No non-mortals are men'.

　　　　　　I am entitled to the former, I state it thus: All

---

① 我在前一脚注提到的文章中使用"移动"(moves)而非"转变"(transitions),不过前者明显是一个行动语词,它在这个语境中的使用必定不可避免地越来越趋向于认为语言动作(languagings)是行动,上文第16段曾告诫过。

② 注意上文第23段对消极齐一性的强调。

men are mortal.

So, I am entitled to the latter, I state it thus: No non-mortals are men。

（译作：如果我有资格享有"所有人是会死的"，那么我有资格享有"没有不死的是人"。

我有资格享有前者，我这样来陈述：所有人是会死的。

因此，我有资格享有后者，我这样来陈述：没有不死的是人。）

每一情况的结局都包含这个序列："All men are mortal" "No non-mortals are men"。不过，只有琼斯在从前者**推论**后者。史密斯展示了一次关于他继而行使的语言资格的实践推理。

33. 还得强调，不该狭隘地解释模式的概念。比如，在我们的范例中，我们得不仅列入习得展示由模式

所有_____是……

这是_____

因此，这是……

来说明的齐一性的趋向，还有维特根斯坦描述为"知道怎样继续"的趋向。知道怎样继续有很多维度，而且结构语言学强调的递归模式对于语言运作必不可少。不过，在对模式支配的行为的充分理解中可以（确切地讲，必须）列入它们。模式支配的行为可能例行程序，但未必平淡乏味。

34. 就是模式支配的感知、推论和决断活动（它们本身根本不是行动）构成（语言的和非语言的）行动域的基础并使之可能。因此，受训者不但习得模式支配的语言行为库（它是关于非语言项的语言），而且习得扩展库（它是关于非语言项和语言项的语言）。他能以语言种类来归类项，并且从事关于其语言行为的理论的和实践的推理。进入语言转变现

在包括"This is a table",也包括"This is a '2 + 2 = 4'"。离开语言转变包括"I will raise my hand"之后手举起,也包括"I will say '2 + 2 = 4'"之后说"2 + 2 = 4"①。受训者学会语言语言动作,即批判语言动作,包括他自己的;他可以成为训练自己的人。

35. 不可以认为学会一种语言就像制作一个夹层蛋糕:**首先**对象语言,**其次**元语言,**然后**元元语言,**等等**②,或者**首先**描述表达式,**其次**逻辑语词,**然后**意向表达式,等等。语言学习者同时在所有这些维度摸索。而且,每层的成就更确切地描画为不同维度的依次就位,而非加盖新的一层。

V

36. 要注意,依照 VB 对思想的理解,我们可以清楚区分发声的**功能角色**和体现这些功能或作为这些功能的"载体"的语言材料的**音位描述**。一个极为重要的事实是,这个经典理解,即思想是"内在言说"(心语),没有这样清楚地区分心语符号的概念功能和用作这些功能的**载体**的材料。不过,如果(经典理解的)思想与外显语言行为之间的类比还算积极,那么认为一定有内在语言**载体**(材料)似乎是合理的。常常认为意象是心语的载体——不过,似乎没有足够的意象来承载。而且,确切地讲,没有意象的思想绝不是不融贯的想法。载体可能会是什么?

37. 从本章的视角看,这个经典理解,即思想是纯粹当下,出于将**倾向特性**的改变关系**深层非倾向状态**的改变的常见尝试。这个事实可以

---

① 大致地讲,手**举起**(*raising*)可以理解为能由使某人的手上升的决断引起的手上升(rising)。通过融合,后者变成**举起**某人的手的决断。当然,言语行为主义者认为,决断是出声地想或近前趋向去出声地想"I will..."。关于更详细描述 VB 对实践思想的理解,参见我的文章《行动与事件》*AAE*(78)。

② 或许值得指出的是,模式支配的语言行为的概念必须扩展到包括"上升到元语言等级"牵涉的递归的知道怎样。

解释思想片断经典描述的空洞,即它将语言活动的多半是功能的各个方面用作它描述心理动作的**内在**本性(即它们的"组成")的模型①。因此,总的来说,这个语言模型的各个**非功能**的方面被忽视了,除了在它们最属的各个方面。毕竟,不考虑功能,思想**是**神经生理学过程;空谈哲学不能变现这个想法。

VI

38. "that-fa"怎么在"Jones says that-fa"②(在这里"says"在"出声地想"的意义上使用)中发挥功能?要回答这个问题,我们得问一个在先的问题:

"'fa'"怎么在"Jones says 'fa'"中发挥功能?

回答是"'fa'"发挥动词"says"的副词修饰语的功能。语言可以书写、言说、打手势等,"says"用来确切说明语言动作的模态是**发声**。如果言说是仅有的模态,或者如果我们抽离模态差别,那么我们可以用

Jones 'fa's

取代

Jones says 'fa',

即把表达式兼引号用作动词。大致地讲,"fa"就是首先"f"然后"a"。

39. 就是因为有一系列言语活动牵涉发声"fa",例如断定、复述等,我们才给予其副词身份,从而(事实上)要求连纯粹出声地想的情况也有一个它修饰的动词。这是一个根源导致了这个幻想,即**断定地**发声"2+2=4"(uttering '2+2=4' assertively)的概念(在这里后者不指谓

---

① 参见《形而上学与人的概念》*MP*(68),转载于 *KTM*。
② 本章参照主谓语言来讨论意指问题,读者不该因此忘记前一章提出的关乎谓词角色的基本考虑。本章的论证会发现是在加固这个论点,即(例如)"red"的语义角色不包括与一个语言外实体[redness 或( )*is red*(比较红物)]的关系。

以言行事的断定动作)要求首肯-指陈(neustic-phrastic)的区分。

40. 尽管我们眼下的心理动作模型是出声地想,而且(因此)由人的语言活动组成,而非由像书写和录音这样的人造语言对象组成,但是,如果我们将书写地想的直接附带产物(即书写)用作我们的首要语言对象,那么它将使我们能避开关于实有、动作(事件、状态)和方式(副词实体)的存在论中的中心问题。

41. 那么,将一个书写刻画为"fa"是怎么一回事? 显然,是将其刻画为一个"f"和一个"a"线性串联。比如,下述书写

fa

是一个"f"右边串联一个"a"。"⌒"表示这个串联方式,上述书写是一个"f"⌒"a"。因此

an 'fa' = an 'f'⌒'a'① = an 'f'⌒ an 'a'②

(译作:一个"fa" = 一个"f"⌒"a" = 一个"f"⌒一个"a"。)

42. 表达式

"f""a""fa"和"f"⌒"a"

是归类语言殊型的分类谓词。归类部分地是**描述的**,比如用形状(或声音)和排布。它也是,而且在我们看来更重要的是,**功能的**。说到底,分类谓词是"例举的(illustrating)"。比如,

t is an 'f'

(译作:t 是"f")

告诉我们某种语言 L 中的 t 具有一个**描述**特征,属于某一以单引号内的项的设计为典型样本的系列③,也告诉我们(如果 t 在首要意义上是"f",即通过书写地想产生)它在发挥具有这样的设计的项在语言 L 中发挥的功能。

---

① 比较"a (cat on a mat)",它具有形式"a K"。
② 比较"a (cat) on a (mat)",它具有形式"a K_1 on a K_2"。
③ 即,戴维森指出,单引号的"意义"必不可少的一部分是说"这项"。

43. 现在,显然可以设想这样的例举分类词,即适用于在任何语言中(相对于其他表达式在其所属的语言中)发挥例举项在某一基础语言(其使用能力已预设)中发挥的功能的项。为了哲学重构,这种语言可以等同于**我们此时此地**的语言。

44. 就描述标准而言,这样的分类词会只要求那些为了表达式发挥相关功能而必须(以某一确定形式)展现的最属的(most generic)特征。比如,

(1) 'Oder's (in G) are •or•s

[译作:(1) "oder"(在 G 中)是 •or•]

会说"oder"连同其他表达式在德语中发挥 •or• 发挥的功能。一项要是 •or• 而必须符合的标准就是它在被认为相关的各个方面①发挥"or"在例举语言(现在是一种专业英语方言)中发挥的功能。

45. 同样,

(2) '*Sokrates*'s (in German) are •Socrates•s

[译作:(2) "*Sokrates*"(在德语中)是 •Socrates•]

会说名称"*Sokrates*"的正确殊型在德语中是 •Socrates• ,在这里是 •Socrates• 的标准是在出声地想语境中发挥"Socrates"在引号手段用于的例举语言中发挥的功能。显然,有关这个语境的"名称"的意义不是"名称候选者"的意义,即在这个意义上在赛马的合格名称列表中可能会发现"*Sokrates*"。

46. 我们忍不住说,相关的功能是用来指称某一希腊哲学家。不

---

① 注意,这些分类词的标准是灵活的,而且依靠语境。在一个归类语境中算是 •or• 的可能在另一语境中归类为**像** •or• 。假如德国人仅在广包意义上使用"oder"而我们仅在独一意义上使用"or",那么我们可能会出于一些目的仍将"oder"归类为 •or• ,将**现实**使用的"or"的两个功能的共同之处当作我们的标准。就此而言,"•or•"就是属的功能归类,我们会区分它广包的种和独一的种,尽管我们例举归类的种只会是后者。在其他语境中,是 •or• 的标准可能会更种,比如**确切**发挥背景语言中独一的"or"发挥的功能。就此而言,"oder"就不是 •or• ,尽管它们(当然)会功能**相似**。

过,将语义的指称概念过于紧密地连结作为以言行事动作的指称是错误的。

47. 上述的自然延伸似乎是,把上述策略首先运用于谓词

(3) '*rot*'s (in G) are •red•s,

〔译作:(3) "*rot*"(在 G 中)是 •red• ,〕

然后运用于命题表达式

(4) '*a ist rot*'s (in G) are •a is red•s。

〔译作:(4) "*a ist rot*"(在 G 中)是 •a is red• 。〕

删去系词(比起谓述它对于表示时态必不可少)转向图式形式,我们可能会承诺这个想法,即

(5) t is an •fa•,

〔译作:(5) t 是 •fa• ,〕

通过使用例举功能归类(即 " •fa• ")告诉我们殊型 t 在某种语言中发挥一个 "f" 串联一个 "a" 在我们的语言中会发挥的功能。

48. 上述评论基于这个想法,即例举功能归类作为(我称为的)书写地想的**产物**的语言对象(书写之类的)。在推进这个策略之前,该短暂考虑这个事实,即语言的首要存在方式是在人的语言活动中。

49. 现在

(1) Jones said '2+2=4'

〔译作:(1) 琼斯说"2+2=4"〕

显然不等同于

(2) Jones uttered '2+2=4',

〔译作:(2) 琼斯发声"2+2=4",〕

在这里,这就是告诉我们,琼斯发出一种约定关联以(引号间的)**那些**为样本的形状的声音。

50. 有什么分别? 回答显然与"意指"**有关**。我们忍不住说

(1) =Jones uttered '2+2=4' *as meaning* 2+2=4。

[译作：(1)＝琼斯发声"2＋2＝4"**意指** 2＋2＝4。]
这并非不正确，不过也没有什么启发。

51. 因此，想想下述对 VB 的异议：

肯定会说，想 that-p 不只是说 that-p——甚至你刻画的坦诚地说 that-p。因为出声地想 that-p 牵涉**知道**我们的话的**意指**，这肯定不只是发声的问题！

52. 对此的明显回答是，虽然鹦鹉学舌词句和用词句出声地想大为不同，但是不同不在于后者牵涉非语言的"知道我们的发声的意指"。而是，我们出声地想时的发声以一个纯粹鹦鹉学舌缺乏的方式相互并且与其发生的语境融贯。

53. 而且，"知道词句的意指"（这是赖尔称为的**知道怎样**的一个形式）的相关意义得细心区分于在能像词典编纂者可能会的（比如，在定义它们时）那样谈论它们的意义上的知道词句的意指。

54. 掌握语言牵涉前一能力也牵涉后一能力。其实它们是**知道怎样**的**两种**形式，但是在不同的层级——一个在"对象语言"层级，另一个在"元语言"层级。

55. 为了确切指出牵涉什么，再次将我们的注意力从作为**活动**的语言转向作为**产物**的语言（比如书写、录音之类的）会是有益的。如果我们可以在（比如）书写语境中理解"意指"的意指，那么我们将很快会理解谈论言语活动的意指以及（归根结底）内在概念片断的意向性是怎么一回事。

Ⅶ

56. 最后，为了着手处理本章的中心话题，想想老生常谈

(3) '*Und*' (in German) means *and*。

[译作：(3) "*und*"（在德语中）意指 *and*。]

要指出两点：(a)这个语句的主词是单数词项。(b)它结尾的语词是语词"and"的一个不寻常使用，因为它不是在用作语句连结词。我们来依次处理这两点。

57. 很多哲学家已经忍不住将(3)的主词理解为一个语言抽象实体的名称，即将德语语词"und"理解为一个可以(也确实)有很多例证的共相。但这是一个可以(也确实)致使无法弥补的伤害的错误。的确有很多"und"，它们的确是某一种类的**例证**——我们可以称其为"*und*"种类('*und*'-kind)。也有很多狮子，它们是狮子种类(lion-kind)的例证。

58. 不过，得区分两个围绕分类谓词"lion"的单数词项。首先，有单数词项属于语境

... is non-empty class。

（译作：……是非空的类别。）

日常语言没有简洁的表达式起这个作用。短语"the class of lions"（狮子的类别）会起到这个作用。

59. 不过，也有像"the lion"或"a lion"或"any lion"这样的词项，比如在

The lion (or a lion, or any lion) is tawny，

（译作：狮子是黄褐色的，）

在这里这些的意指**大致**等值于

All lions are tawny。

（译作：所有狮子是黄褐色的。）

再想想"man"，比如在

Man is a featherless biped[①]。

（译作：人是无羽两足的。）

[①] "man"的这个使用得细心区分于比如"Man is a species"中的"man"，在这里它是在稍后定义的意义上的元语言分类词。

我将这样的单数词项称为"分配词项"(DST)①。

60. 要注意,尽管存在怪物狮子,例如五条腿的畸形狮子,但是这个事实不质疑

The lion is a quadruped

(译作:狮子是四足的)

的真。正常狮子四条腿。同样,出现在模式正确的(语法的)德语文本中的设计 *und* 是"und"②。

61. 因此,对(3)的主词的正确解释不是将其视为指涉一个抽象实体的抽象单数词项,而是视为分配单数词项。换言之,在我们看来,(3)的意义等同于

(3^1) The (or an, or any) 'und' (in German) means and,

〔译作:(3^1)"und"(在德语中)意指 and,〕

或等值地等同于

(3^2) 'Und's (in German) mean and.

〔译作:(3^2)"und"(在德语中)意指 and。〕

62. 关于(3)要指出的第二点是,其中反常使用了语词"and",因为它显然不在发挥语句连结词的功能。自然的一步是将这个语境理解为加引号的。这个想法可能诱惑我们将(3)改写为

(3^3) 'und' (in German) means 'and'.

〔译作:(3^3)"und"(在德语中)意指"and"。〕

不过,加引号的语境常常是自身不改变,而给被引项加引号改变意义。而且,显然(3)不只是告诉我们"und"和"and"有相同意指;它在某个意

---

① 参见我的《抽象实体》AE(48),作为第Ⅲ章转载于我的 PPME。要注意,我**不是**在说所有具有形式"the K"的表达式(它们不是个体 K 的限定描述词)是 DST。比如,在"The lion once roamed the western plains"中,主词不是 DST,因为,尽管它的意义大致等值于"Lions once roamed the western plains",但它根本不等值于"All lions once roamed the western plain"。
② 当然,在一个**扩展**的意义上,风中吹起的 *und* 形状的沙堆可以说是语词"und"的殊型——最终由著名的勤劳猴子打出来的书页可以说是莎士比亚戏剧的复本。

义上**给出**意指。

63. 我说过,对(3)的正确分析是

(3⁴) ' *Und* 's (in German) are •and•s,

[译作:(3⁴)"*und*"(在德语中)是•and•,]

在这里,是•and•就是在任何语言中发挥"and"在我们的语言中发挥的功能的项。大致地讲,说一个表达式意指什么就是用一个例举分类词来将其功能归类①。

64. 依照这个分析,**意指不是关系**,就是因为"means"是**系词的专业形式**②。而且,一个表达式的意指是它的(功能意义上的)"使用",因为,说一个表达式意指什么就是用一个例举功能分类词来将其归类。

65. 要注意,我们本可以表述在德语语言中支配语词"*und*"的语法规则,尤其是逻辑句法的规则,而非通过使用一个例举功能分类词来"给出""*und*"(在德语中)的复杂功能。构成一种语言(包括我们自己的)的规则支配的齐一性(当然并非全是纯粹句法的)不使用意指陈述(包括下面讨论的那些)**原则上**也可以尽然描述。不过,在实践中,意指陈述的使用(翻译)不可或缺,因为它提供一个方式,调动我们的语言直觉,去用我们认为即使并非(实践上)不可能也难以用明确规则来讲明的功能,来归类表达式。

66. 上述对"means"的讨论只是解答我们的问题的开路先锋。虽然它提供了至关重要的线索,但是它的意味尚未明显。因为,除了使用

---

① 说某一表达式在一种给定语言中的"这个(the)"功能,当然过于简单。归类总是相对于目的。各个手段可以用来表明,用来生成一个例举分类词的语词的**哪些**功能在用作其运用标准。上文第44段注释指出,例举分类词的使用是灵活的,即运用标准随着语境和目的变换。因此,仅这个事实,即一个殊型被归类为•simultaneous•(说是意指 *simultaneous*),未必确切说明"simultaneous"在相对论语料库中的功能还是它在经典语料库中的功能。另一方面,归类的语境**可能**作出了这样的确切说明。就前者而言,"是•simultaneous•"(意指 *simultaneous*)是属的功能归类,它的种是"是相对论的•simultaneous•"(意指[相对论的] *simultaneous*)和"是经典的•simultaneous•"(意指[经典的] *simultaneous*)。
② 从前一章的论证应该看出,系词"is"不代表一个"存在论**联结**"(例示)。要注意,从我的视角看,当其将意指视为联结时,贝格曼虽是有(错误)洞见的,却是始终如一的。参见他的《意向性》,载于《语义学》(Rome 1955),转载于《意指与实存》(Madison 1960),第3—38页。

"means",还有其他方式来作意指陈述。而且,就是这些其他方式产生了"意指理论"具有的大部分混淆和困惑。

67. 比如,想想

(4) '*Dreieckig*' (in German) *stands for* triangularity.

［译作:(4) "*dreieckig*"(在德语中)**代表** triangularity。］

依照表面(表层语法)似乎是下述这样:(a)"triangularity"是名称。(b)它指称一个非语言实体。(c)**代表**是(已知(4)为真)在一个语言实体和一个非语言实体之间的关系。我将论证,(a)(b)和(c)只不过**看起来**是这样,而且,与一般意见相反,"支持"(4)这样的陈述**不**是承诺一种柏拉图主义的存在论。

68. 这个观点直接源于我们之前对"means"语句的描述。因为我们在那遇到三个可以有效利用的想法:(a)"means"是系词的专业形式。(b)"means"紧随其后的要被理解为一个元语言分类词。(c)"means"陈述的主词是一个元语言分配单数词项。要在对(4)的分析中运用这些想法,我们只需要将"triangularity"理解为一个元语言分配单数词项,并且将"stands for"理解为另一(更有趣的)专业的系词。

69. 想想下述这种逻辑学家很少注意的语句

(5) The pub is the poor man's club.

［译作:(5) 酒吧是平民的俱乐部。］

我们怎么理解系词"is"? 只有极为肤浅的解读会认为(5)是等同陈述。当然我们这里有一个陈述含有两个分别由分类词"pub"和"club"生成的分配单数词项。它具有形式

(6) the K_1 is the ϕK_2,

［译作:(6) K_1 是 ϕK_2,］

而且大致等值于

(5^1) Pubs are poor men's clubs.

［译作:(5^1) 酒吧是平民的俱乐部。］

70. 因此,我建议我们将(4)解读为

(4^1) The '*dreieckig*' is the German •triangular•,

〔译作:(4^1) "*dreieckig*"是德语的 •triangular• ,〕

它变换为

(4^2) '*Dreieckig*'s are German •triangular•s,

〔译作:(4^2) "*dreieckig*"是德语的 •triangular• ,〕

或(这是一回事)

(4^3) '*Dreieckig*'s (in German) are •triangular•s。

〔译作:(4^3) "*dreieckig*"(在德语中)是 •triangular• 。〕

71. 依照这个解释,(4)就是做(3)所做的另一方式,即功能归类某些德语书写。为什么有这第二个方式?答案很简单:因为**这个**起作用的方式将归类关系为真语境

(7) Triangularity is true of a,

〔译作:(7)Triangularily 之于 a 为真,〕

它首先近乎告诉我们

(8) Expressions consisting of a •triangular• appropriately concatenated with an •a• are true。

〔译作:(8) 由适当串联一个 •a• 的 •triangular• 组成的表达式为真。〕

72. 一般来讲,我认为,在补充表达式之后生成相应抽象单数词项的所谓的名谓手段(nominalizing devices),比如"-ity""-hood""-ness""-tion""that..."等等,要理解为加引号的语境,它们(a)生成元语言功能分类词且(b)将它们变为分配单数词项。

73. 使用这些加引号手段生成的抽象单数词项常包含行家熟悉但普通人不易理解的词根。"triangularity"明显指称谓词'triangular'的功能。要解释

'---' (in L)① stands for triangularity,

---

① 语言 L 当然可能是英语。

[译作:"---"(在 L 中)代表 triangularity,]
我们只需要复述"triangular"在我们的语言中的语义功能发挥。

74. 不过,

'---'(in L) stands for animosity

[译作:"---"(在 L 中)代表敌意]

没有提供这样的直接启示,除了对学者。要作为意指陈述,后者得自身翻译成听者的(或读者的)方言。其最有益的方式是使用一个(或多个)①具有形式"being ϕ"的建构,比如,或许是

'---'(in L) stands for (the state of) being antagonistic.

[译作:"---"(在 L 中)代表敌意(的状态)。]

75. 要注意,像"the state of""the quality of""the condition of"和"the event of"这样的置于"being ϕ"之前的修饰语就是对谓述角色的更属的功能归类。

76. 因此,"triangularity"只不过(在被某一幅图画迷惑的眼中)**看上去**是名称。只不过**看上去**好像它指称非语言的什么。因为适用于在**任何**语言中起某一作用的表达式,所以它的语言间指称混淆了**非语言**的指称。同样,"stands for"只不过**看起来**代表关系。就像"means"证明的一样,它是系词的专业形式。

Ⅷ

77. 正如"-ity""-hood"和"-ness"是从谓词生成语义分类词的加引号手段,同样"that"是从语句生成语义分类词的加引号手段。图式来讲,

that (2+2=4) = the •2+2=4•。

---

① 记住先前脚注强调的关于意指(功能)的归类和相似的观点。

78. 正如

'*rot*'（in G）means *red*

［译作："*rot*"（在 G 中）意指 *red*］

要被重构为

'*rot*'s（in G）are •red•s

［译作："*rot*"（在 G 中）是 •red•，］

同样

'*Es regnet*'（in G）means *it rains*

［译作："*Es regnet*"（在 G 中）意指 *it rains*］

要被重构为

'*Es regnet*'s（in G）are •it rains•s。

［译作："*Es regnet*"（在 G 中）是 •it rains•。］

79. 而且，正如

'*rot*'（in G）stands for redness

［译作："*rot*"（在 G 中）代表 redness］

要被重构为

'*rot*' is the German •red•，

［译作："*rot*"是德语的 •red•，］

从而要被重构为

'*rot*'s（in G）are •red•s，

［译作："*rot*"（在 G 中）是 •red•，］

同样

'*Es regnet*'（in G）stands for（the proposition）that it rains

［译作："*Es regnet*"（在 G 中）代表（命题）that it rains］

要被重构为

'*Es regnet*' is the German •it rains•，

［译作："*Es regnet*"是德语的 •it rains•，］

从而要被重构为

'*Es regnet*'s (in G) are •it rains •s。

[译作:"*Es regnet*"(在 G 中)是 •it rains • 。]

80. 这个问题再次出现,"为何有**两个**语义陈述形式,分别含有伪谓词'means'和'stands for',归根结底有相同的重构?"

81. 回答是,"stands for"提示正好契合联系真概念的语境。而"means"提示并非如此。比如,

'*a ist dreieckig*'(in G) means *a is triangular*

[译作:"*a ist dreieckig*"(在 G 中)意指 *a is triangular*]

结尾使用不具有明确的指称表达式表层语法的"a is triangular",可

--- is true

(译作:_____为真)

是谓述语境,要求一个确有这个表层语法的主词。

82. 因此,如果我们试着用合取

'*a ist dreieckig*'(in G) means *a is triangular* and *a is triangular* is true

[译作:"*a ist dreieckig*"(在 G 中)意指 *a is triangular* 且 *a is triangular* 为真]

来抓住我们关于"真"和"意指"关系的直观,那么我们就发现一个连表面上也不清晰的表层语法。

83. 另一方面,

'*a ist dreieckig*'(in G) stands for (the proposition) that *a is triangular*

[译作:"*a ist dreieckig*"(在 G 中)代表(命题)that a is triangular]

结尾的表达式确有单数指称表达式的表层语法,因此适合为真语境,比如

that a is triangular is true。

(译作:that a is triangular 为真。)

84. 因此，合取

'*a ist dreieckig*'（in G）stands for（the proposition）that a is triangular and that a is triangular is ture

［译作："*a ist dreieckig*"（在 G 中）代表（命题）that a is triangular 且 that a is triangular 为真］

具有一个（表面上）清晰的表层语法。它的深层结构是

'*a ist dreieckig*'s（in G）are •a is triangular•s and •a is triangular•s are true,

［译作："*a ist dreieckig*"（在 G 中）是 •a is triangular• 且 •a is triangular• 为真,］

这也是

'*a ist dreieckig*'（in G）means *a is triangular* and *a is triangular* is true

［译作："*a ist dreieckig*"（在 G 中）意指 *a is triangular* 且 *a is triangular* 为真］

的深层结构，这说明，表层语法巧妙调和了来自下述事实的压力：不管意指和真的联系多么密切，意指陈述的**直接**功能要求一个表层语法强调表达式的复述**使用**，而为真陈述的**直接**功能要求一个表层语法关于**指称**和**谓述**。从这个视角看，"代表"陈述用来将它们逻辑等值于的"意指"陈述和真之语境连接起来。

85. 说

'*dreieckig*'（in G）stands for triangularity

［译作："*dreieckig*"（在 G 中）代表 triangularity］

就是（以一个独一的方式）说"dreieckig"在德语中起"triangular"在我们的语言中起的作用。不过，在一种混沌语语言（即不含有谓述辅助表达式的语言）中不会有表达式起这个作用。因此，不会有具有形式

'---'（in J）stands for triangularity

［译作：“＿＿＿”（在 J 中）代表 triangularity］

即

'---'s (in J) are •triangular•s

［译作：“＿＿＿”（在 J 中）是 •triangular•］

的真陈述。

86. 另一方面，因为"triangular"在英语 PM 语中的基本作用是给个体常项这个特征，即串联一个 ∗triangular∗，比如

triangular a,

所以我们可以说

串联一个 ∗triangular∗ 的个体常项

起的作用是（例如）

黑体的个体常项

在混沌语中起的作用。因此，黑体的个体常项就是三角形物的混沌语语言表示。

87. 换言之，尽管在混沌语中没有什么会**代表 triangularity**，但是仍为真的是

boldface 'a' (in J) stands for (the proposition) that a is triangular

［译作：黑体的"a"（在 J 中）代表（命题）that a is triangular，］

即

boldface 'a's (in J) are •a is triangular•s。

［译作：黑体的"a"（在 J 中）是 •a is triangular•。］

88. 在这个背景下要怎么阐明像

That a is triangular is ture

（译作：that a is triangular 为真）

这样的陈述？显然，第一步是将后者重构为

•a is triangular•s are ture。

（译作：·a is triangular·为真。）

89. 不过,谓词"true"本身要怎么阐明？当我们说在任何语言中(在相关范围内)起"a is triangular"在我们的语言中起的作用的表达式为真时,我们在说什么？

90. 线索会在这个事实中找到,即"a"的作用是作为 a 的语言表示,串联一个"is triangular"的个体常项的作用是作为三角形物的语言表示。这些作用反映一些支配建构世界故事——这是语言的核心功能——的过程的应当是(ought-to-bes)。

91. "a is triangular"的特征和应当是的这个联系表明"a is triangular"的真本身是一条应当是。

92. 下一章将更详细地探讨这个想法,即当"a"是 a（在 L 中）的语言表示时,串联一个"is triangular"的"a"（在 L 中）**正确**描画 a 且属于 L 的世界故事,当且仅当 a 是三角形的。

93. 我说过,一般来讲

'---'(in L) is true

［译作:"_____"（在 L 中）为真］

具有

'---'s (in L) are semantically assertible

［译作:"_____"（在 L 中）是可语义断定的］

的意义,在这里"可语义断定的"的意思是可依照 L 的语义规则**正确地**变成殊型——不同于修辞和口味的正确性。

94. 如果"在 L 中为真"的属的意义是 **L 的语义正确的语句**①,那么各个种的在 L 中为真（例如,**L 的真原子语句**）就会从各个种的语句在 L 中的可语义断定性的标准产生。这个正确性树形的根部就是像"a is

---

① 当然,语义正确有一个较弱的意义,在这个意义上一个符合语法但为假的语句可以说是语义正确的。因此,用语义正确性和**成功**来阐明真可能直观上更觉似合理。不过,跟进语义应当是的这个方面会要求比本文更精细地研究规范概念。

triangular"这样的个体语句以及通过像否定、析取和量化这样的逻辑运算来从它们生成的语句的正确性标准。

95. "true"与"知道为真"或"盖然为真"显然不是一个意思。因此"可正确断定的"与"可用好的理由或依据断定的"不是一个意思。语义和认识的应当得细心处理,就像区分(和关系)各个可以说一个行动是道德适当的意义一样。

96. 就是原子经验陈述的真和语言表示的应当是之间的联系解释了这个事实,即

'a is red' (in L) is ture,

［译作:"a is red"(在 L 中)为真,］

因为

a is red。

(译作：a 是红的。)

97. 即使

x is the linguistic representative (in L) of y＝xLRy

［译作：x 是 y(在 L 中) 的语言表示＝xLRy］

为真,谁会假定

'a' is the linguistic representative (in L) of a,

［译作:"a"是 a(在 L 中)的语言表示,］

因为

xLRy (in L) $=_{df}$ (x＝'a' & y＝a) or (x＝'b' & y＝b) or ...

［译作：(在 L 中)xLRy$=_{df}$(x＝"a" & y＝a) 或(x＝"b" & y＝b) 或……］

呢?

98. 为真条件(a truth condition)在"条件"可能会称为的**日常**意义上可以参照来**解释**一个语句的真,就像**为好**条件(a goodness condition)可以参照来**解释**什么(例如一个苹果)的好。关乎语言 L 的形式化 L' 的

T双条件句的递归结构没有给出"在 L 中为真"的**意义**,"(在 L' 中) xLRy"也没有给出"x 是 y(在 L 中)的语言表示"的意义,即使

x is true (in L)≡x is T (in L')。

〔译作:x(在 L 中)为真≡x(在 L' 中)是 T。〕

IX

99. 上述评论将我们带到最高山峰的山麓,由此去建构一个能处理这个主题充满的困惑和悖论的真之理论。我现在肯定不去试着攀登这座最高山峰。我将慎重地将自己限于山麓,希望这样瞥见的顶峰的地质和之前论证发现的地质层一致。

100. 因此,接下来要指出的是,真的概念是可能会称为的真势概念(alethic concepts)的家族之首:例示、实存(existence)、处于(一个关系)、(一个事件)发生、(一个事态)实存(obtaining)、处于(一个状态)以及其他很多。

101. 真势概念和真的概念的紧密关系可以举下述等值来说明

a exemplifies f-ness ≡ that it is f is true of a

≡ that a is f is true ≡ a is f

a exists ≡ a exemplifies some attribute ≡ something is true of a ≡ (∃f)fa

f-ness is realized ≡ some thing exemplifies f-ness

≡ that it is f is true of something ≡ (∃x)fx

A coronation of George V took place ≡ that he is crowned was true of George V

≡ that George V is crowned was true

≡ that George V was crowned is true

≡ George V was crowned。

102. 我在一些地方讨论过这其中的一些真势概念和因误解它们而产生的困惑①。本章我将聚焦例示这个所谓的存在论联结或连结。

103. 应该不出意料的是，我断言

a exemplifies triangularity

（译作：a 例示 triangularity）

不断定一个对象（即 a）和另一个（即 triangularity）处于一个关系（或联结）。相关的陈述而是要被重构为

That it is triangular is true of a,

（译作：That it is triangular 之于 a 为真,）

它逻辑等值于

That a is triangular is true,

（译作：that a is triangular 为真,）

即

•a is triangular•s are semantically assertible。

（译作：•a is triangular• 是可语义断定的。）

104. 因此，尽管"true of"在这个意义上，即若 a＝b，则之于 a 为真的也之于 b 为真，是外延语境，但是它仍是加引号的语境，具有

INDCON ⌢ •is• ⌢ •triangular• is true(•a• /INDCON)

的意义，在这里"INDCON"是适用于个体常项的非例举元语言分类词，这个陈述告诉我们，当相关的 INDCON 是 •a•，由串联一个 •is triangular• 的 INDCON 组成的表达式为真。

105. 和之前一样，我们需要强调真理 a 是三角形的**真正的**为真条件和为真函项等值事态之间的差别。前者是在一个**首要**意义上的语言表示的事。因为，已知

---

① 参见，例如，《时间与世界次序》(*TWO*)[载于 H·费格尔、M·斯克里文和 G·麦克斯韦编辑的《明尼苏达科学哲学研究》第Ⅲ卷(Minneapolis, 1963)]、《行动与事件》(*AAE*)[作为第 10 章转载于 *EPH*]和《形而上学与人的概念》(*MP*)[转载于 *KTM*]。

a = the x such that x is *over there*,

(译作：a = 这样的 x，即 x **在那**，)

表达式"the x such that x is *over there*"可以说在一个**衍生**意义上是 a 的一个语言表示①。

106. 我们看到，就是之于一种语言的语义应当是我们才可以区分**作解释**的等值，比如

'a is triangular'（in L）is true≡a is triangular

［译作："a is triangular"（在 L 中）为真≡a 是三角形的］

和不作解释的等值，比如

'a is triangular'（in L）is true≡the x such that x is over there is triangular。

［译作："a is triangular"（在 L 中）为真≡这样的 x，即 x 在那，是三角形的。］

107. 因此，我们可能会区分

That it is triangular is true *primarily* of a，

（译作：That it is triangular **首要**之于 a 为真，）

即

a *as such*② exemplifies triangularity

（译作：a **本身**例示 triangularity）

和较弱的

That it is triangular is true *of* a，

（译作：That it is triangular **之于** a 为真，）

即

a（*sans phrase*）exemplifies triangularity。

---

① 克吕普克在严格指涉和非严格指涉之间的区分就在这里变得相关了。
② "as such"和"*que*"一样在各种语境中有一个重要使用。这里我在一种"消极"意义上使用它，在这个意义上它蕴涵"a"是严格指涉。

［译作：（干脆）a 例示 triangularity。］

108. 我们可能会忍不住用"*primarily* true of"以这样一个方式，即

That it is triangular is true of x $=_{df}$ (∃y) y = x and that it is triangular is *primarily* true of y

（译作：That it is triangular 之于 x 为真 $=_{df}$（∃y）y = x 且 that it is triangular 之于 y 首要为真）

来定义"true of"。不过，虽然这个建议的表层结构可以接受，但是它在哲学上不清晰，因为它掩盖了这个事实，即所有真势谓词最终要用"true"比如在

That a is triangular is true

（译作：That a is triangular 为真）

即

•a is triangular •s are true

（译作：•a is triangular• 为真）

中的基本使用来引入。

109. 因此，我们在寻找的定义会量化，不在对象语言的层级，而是在元语言的层级。为了满足这个要求，较弱的语境

That it is triangular is true of the x such that x is *over there*

（译作：That it is triangular 之于这样的 x，即 x **在那**，为真）

可能会被重构为

(∃ INDCON) INDCON ME •the x such that x is *over there*• and INDCON ⌒ •is triangular• is true

（译作：(∃ INDCON) INDCON ME •the x such that x is *over there*• 且 INDCON ⌒ •is triangular• 为真）

在这里，不用说，相关的 INDCON 是一个对象**在首要意义上的表示**[①]。

[①] 关于应对引语语境量化的必要区分的更详细描述，参见我的《答复蒯因》(*RQ*)，载于《综合》第 26 卷，1973 年（作为第 8 章转载于 *EPH*）。

符号"ME"是"实质等值于"的缩写,在这里,说一个 INDCON 实质等值于另一个,就是说任何有一个出现其中的真语境若被另一个取代仍为真。因此,

INDCON$_i$ ME INDCON$_j$

是一个对象语言等同陈述,比如

a＝b

的元语言对应,而且得细心区分于对象语言

$x = y \equiv (f) fx \equiv fy$ ①。

110. 这些评论的结局是加固上一章的论点,即为了产生其足量的存在论洞见,将谓述表达式视为辅助表达式的策略应该运用在经验的主谓陈述层级,而非仅在例示陈述层级。

111. 在后一层级,正确使用这个策略会调用一条原则,大意是我们仅能通过将"a"和"f-ness"置于一个二元关系来言表 a 例示 f-ness,并且会说

a exemplifies f-ness

(译作:a 例示 f-ness)

本身通过将一个"a"和一个"f-ness"置于其间有一个"exemplifies"的二元关系来满足这条原则。

112. 不过,这里我们得细心,因为,什么是一个"exemplifies"？它是一个没有**独立**语义功能的记号设计的殊型吗？这是我们将日常谓词视为辅助表达式的症结。

113. 当然,完全日常语言的从我们在探讨的问题的视角看是辅助表达式且没有独立语义功能的表达式牵涉其他方式的语义功能。比如,"adjoins"是一个有时态的动词,本身对有它出现于其中的语句作出一个重要的语义贡献。这样的功能会怎么在一种混沌语方言中发挥是一个重要

---

① 这些以及相关的问题在与迈克尔·洛克斯的一封作为本书附录刊印的信中详细讨论。

的研究话题。读者应该记住这点,并且用一种抽离这些其他语义功能发挥方式的严格 PM 语来思考。不然,我们对不严格谓词扮演角色的丰富性的直观感觉就使这个论点不合理了:**作为谓词**它们是辅助表达式。

114. 我说过

a adjoins b

(译作:a 毗邻 b)

将"a"和"b"置于其间有一个 *adjoins* 的二元关系。其间有一个 *adjoins* ——某一设计——和其间有一个"adjoins"的不同是什么?不同当然是,后者蕴涵在"a"与"b"之间的在这种语言中作为一个表达式在发挥某一语义功能。

115. 不过,什么功能?根据我们的解释(和上上一段强调的限定),就是将一个"a"和一个"b"置于**便捷**的一种二元关系——不同于(例如)

^a_b

尽管它是哲学上清晰的,但是它将一个"a"和一个"b"置于一个**不便捷**的二元关系。因此,"adjoins"没有独立的语义功能。

116. 因此,我们的严格"adjoins"的语义功能**衍生**于它关系的个体常项组对的语义功能。这个功能发挥就是其间有一个 *adjoins* 的个体常项应当以一种模式(语言-世界的和语言-语言的)出现。在我们的混沌语语言中,这些模式会牵涉其中一个在另一个左斜的个体常项组对,而且在混沌语中没有什么会在起 *adjoins* 起的作用。

117. 不过,*adjoins* 没有**意指紧邻**、**代表**并列的语义功能吗?**当然有**,不过,如果本章的论证是可靠的,那么**意指**和**代表不是**语义功能。

118. 就是

adjoins (in E) means *is next to*

〔译作:*adjoins*(在 E 中)意指 *is next to*〕

adjoins (in E) stands for juxtaposition

［译作：*adjoins*（在 E 中）代表 juxtaposition］

的右手边确定了 *adjoins* 作为一个英语语词的语义功能。而且，这个功能会是具有上文刻画的**衍生**语义功能的辅助符号的功能。

119. 这些恐怕是重复的考虑的重点是为下述挑战铺平道路：利用**谓词是辅助表达式**策略（参见上文第 21—28 段）的柏拉图主义者得给陈述

'exemplifies'（in E）stands for exemplification

［译作："exemplifies"（在 E 中）代表 exemplication］

一个兼容这个策略的解释。

120. 比如，如果柏拉图主义者这样解释这条真理，即它归给"exemplifies"一个**独立**语义功能，例如处于一个意指联结，那么立场就变得不融贯了。因为，如果

a exemplifies F

（译作：a 例示 F）

就是使一个"a"和一个"F"其间有一个 * exemplifies *，在这里其间有一个 * exemplifies * 的一对小写和大写的名称是其中一个例示另一个的对象组对的语言表示，那么在这次存在论检验中就没有实体会是一个意指联结的项。

121. 另一方面，如果柏拉图主义者硬着头皮接受这个想法，即意指陈述是功能归类，并且承认"exemplifies"的语义功能**衍生**于其中"exemplifies"扮演辅助表达式角色的语句的语义功能，那么他就面对这个事实，即像

'dreieckig'（in G）stands for triangularity

［译作："dreieckig"（在 G 中）代表 triangularity］

这样的陈述的表层语法是柏拉图主义最有效的武器之一。放弃这个想法，即"triangularity"在**这个**语境中是一个语言外实体的名称，就是失去直观诉求的优势。唯名论不再看起来违背理性。

122. 柏拉图主义者也得妥协这个事实,即在例示与真之间显然有紧密的概念联系。他会怎么描述这个事实?

123. 记得,根据他的描述,具有形式"Fx"的原子命题,例如

Red a,

本身断定某一殊相**例示**某一共相。因为上述陈述的**意义**等同于

a exemplifies Red,

不同之处仅在于没有使用辅助表达式。

124. 由此推出,例示不能用真来**分析**。等值

a exemplifies F≡that Fa is true,

这的确是一个**必然**等值,不能改写为

a exemplifies F =$_{df}$ that Fa is true,

因为后者会等值于这个荒唐的想法

Fa =$_{df}$ that Fa is true。

125. 不过,可能会说,柏拉图主义者通过断言真要用例示来定义,比如

That Fa is true =$_{df}$ a exemplifies F,

可以抓住例示和真之间的概念连结。不过,这同样是荒唐的,因为它将同义于

That a exemplifies F is true =$_{df}$ a exemplifies F,

它作为一个**定义**(尽管不是作为一个必然等值)是不融贯的。

126. 另一方面,本章提出的例示进路**确实**许可在例示和真之间的定义关系。而且,它使我们能看到**为何**自发现第三者以来萦绕从柏拉图到布拉德雷的概念实在论者的例示倒退是良性的。因为

a exemplifies F-ness≡[a, F-ness] exemplify exemplification

(译作:a 例示 F-ness≡[a, F-ness]例示 exemplification)

具有深层结构

that-Fa is true≡that-(that-Fa is true) is true,

而且这完全无害。

127. 仅当我们将例示当作世界中的联结,我们才会感到不得不将

a exemplifies F-ness≡[a,F-ness]^{2}exemplify ^{1}exemplification

(译作:a 例示 F-ness≡[a、F-ness]^{2}例示 ^{1}exemplification)

解释为

a exemplifies F-ness because [a,F-ness]^{2}exemplify ^{1}exemplification

(译作:a 例示 F-ness,因为[a、F-ness]^{2}例示 ^{1}exemplification)

的依据。

128. 我在本章想表明,在语义学语境中辩证考察概念实在论加固了上一章提出的这个断言,即经验谓词就是那样,**是谓词**(**不是**含糊的名称),尽管"exemplifies"的确是谓词,但是作为辅助表达式的谓词的理论(非常有助于解答布拉德雷悖论)首先适用于像"red"和"triangular"这样的谓词。

X

129. 显然,现在不准许系统阐述前面仅是其前言的语义理论。我只能希望现有的阐述足以强化这个断言,即自然主义的存在论得是一种唯名论的存在论。

130. 我来用一些题外话结束本章。首先,要注意"属性的等同条件"问题的新外表。因为谈论属性是谈论语言"棋子",而非谈论柏拉图的对象,所以等同意指功能相同且连贯功能相似。

131. 比如,在研究两个使用物理上不同的材料和运动的游戏之后,我们可能会决定这两个游戏是"相同的",即我们可以找到一个关于正确和不正确的移动和位置的抽象说明,它为两个游戏选定——依照它们不太抽象表述的规则是正确或不正确的——移动和位置。

132. 而且,靠这个事实,我们可以说(例如)一个游戏的士是另一游

戏的后。由此类推，我们可以说

  f-ness＝g-ness if and only if the rules for •f•s are the same as the rules for •g•s①。

  （译作：f-ness＝g-ness，当且仅当 •f• 的规则和 •g• 的规则是相同的。）

我们也可以理解这个想法，即象较之于像马更像车。确切地讲，我们都习惯于作这种判断："板球的投手像棒球的投手。"我们参照规则给予它们的角色来决定"棋子"的相似。

  133. 我们现在从一个略微不同的方向来看意指的相像。想想这个常见事实，即 isosceles triangularity 和 scalene triangularity 是 triangularity 的种。在我们的框架中，这被讲明为这个事实，即

  •isosceles triangular•

和

  •scalene triangular•

由串联一个修饰语（•isosceles•、•scalene•）的共同谓词（•triangular•）组成，以这样一个方式，即 •triangular•、•isosceles triangular• 和 •scalene triangular• 是几何归类系统的一部分。

  134. 重点在于，isosceles triangularity 要被理解为（isosceles triangular)-ity，括号指出加引号语境"-ity"的范围。将此对比在 Euclidian triangularity 与 Riemannian triangularity 之间的差异。这里"-ity"的范围就是"triangular"。因此，谈论 Euclidian triangularity 谈论的不是

  •Euclidian triangular•

而是

  Euclidian •triangular•，

---

① 关于这个主题的进一步阐述和对重要异议的答复，参见附录。

即发挥我们的语词"triangular"在其受专门的欧几里得原则支配时发挥的功能的书写。

135. 因此，得指出，使用例举手段来生成功能分类词具有重要的灵活性。并非例举表达式功能发挥的所有方面都要调用来用作其运用标准。比如，想想

Euclidian triangularity and Riemannian triangularity are varieties of triangularity。

（译作：Euclidian triangularity 和 Riemannian triangularity 是 triangularity 的样式。）

这变成

Euclidian·triangular·s and Riemannian·triangular·s are varieties of ·triangular·。

（译作：Euclidian·triangular· 和 Riemannian·triangular· 是 ·triangular· 的样式。）

显然，(有关什么是 ·triangular· 的)例举语词"triangular"的功能发挥是抽离了欧几里得几何和黎曼几何种的差别的属的功能发挥。

136. 比较

Classical negation and intuitionistic negation are varieties of negation。

（译作：classical negation 和 intuitionistic negation 是 negation 的样式。）

这里，这个语境再次表明究竟例举词项功能发挥的什么方面在被其嵌入的抽象单数词项调用。就是我们对表达式在不同语言结构中的功能相似的直观评价，使我们愿意作这个形式的陈述[①]。

137. 我常被问，放弃像 triangularity 或 that 2＋2＝4 这样的标准柏

[①] 关于这个以及相关主题的阐明，参见《科学与形而上学》，第 3—5 章。

拉图实体,仅支持像**功能**、**角色**、**规则**和**棋子**这样的奇异抽象实体,我们得到了什么。回答当然是,上述策略**仅放弃一幅图画**。triangularity 没有被放弃;而是"triangularity"**被看到代表其所是**,即一个元语言分配单数词项。

138. 而且,一旦阐明这个一般观点,即抽象单数词项是元语言分配单数词项,而非不可还原的永恒对象的标签,那么我们在阐明关于语言和意指的具体问题时就没有理由不该使用抽象单数词项和抽象单数词项的范畴。因为,正如谈论 triangularity 可以展开为谈论 •triangular• 书写,同样谈论任何抽象实体可以展开为谈论语言或概念的殊型。

五、 意指之后

I

1. 前面对意指陈述的描述有助于解释它们怎么会诱惑我们坚持一维的(即"菲多"-菲多的)意指理论。因为意指陈述根本上聚焦表达式的功能等值。它们没有告诉我们一个表达式**怎么**发挥功能,除了**间接地**通过给我们另一个我们很可能熟知其功能发挥的表达式,让我们默述后一表达式具有的推论和非推论转变[①]的模式来"得知"这个功能发挥。

2. 然而,意指陈述容易被误解为直接告诉我们一个表达式的功能。比如

(表达式)意指_____

(表达式)代表_____

不但**可以**被而且几乎**总是**被解释为言表某一表达式的功能是意指或代表[②]某某实体。

3. 不过,如果上一章的论证是成功的,那么"means"和"stands for"是**系词**的专业形式,从而**意指**(meaning)和**代表**(standing for)是伪功能,其表层语法使我们看不见靠意指陈述来**传递**的真正功能。

---

① 关于相关区分的概要,参见 *SPR*,第 11 章,第 1—24 段;另见 *EPH* 中的《作为思想和作为传达的语言》(*LTC*(T4))和《答复马拉斯》(*RM*(84))。在最早的文章中,我受游戏类比的影响,说"语言内移动"(intralinguistic moves)。在之后的文章中,"移动"的行动理论蕴涵就像在本章中一样不予考虑。

② 或者"指涉"(designate)或"指代"(denote)——或者其他经过改进来理论使用的语义词项。

II

4. 另一个误解意指本性的根源是当前强调语言是传达手段,这使很多哲学家主要从行动理论的视角来看语言。发声被理解为**行动**,其一旦成功就实现了让听者获得**信念**的**意向**。然后试着用其中利用了语言项的传达动作牵涉的标准意向和信念的**概念内容**来理解这些语言项的**意指**。

5. 如果心理状态相信(believing)和意向(intending)的关涉性或意向性被当作一个原始观念——或者是**绝对的**(当作思想和世界之间的形而上学连结)或者是**相对的**(当作会被用自然主义心灵理论来定义的复杂概念取代)——那么就会再次聚焦语言实体和非语言实体的一对一关联。不过,这次的关联会依靠(a)语言和心理项(相信、意向等及其构成)的联系与(b)后者和心理外实在的联系。语境

(表达式)意指_____

(表达式)代表_____

其实会被视为是具有形式

(表达式)R(心理项)且(心理项)R'_____

的更复杂措辞的简述。

6. 现在当然不能否认语言**是**传达手段。不过,从**这里**来理解语言有本末倒置的危险。因为,语言的角色是**我们用其思想**,这更加基本。

7. 语言行为无拘无束地流动(我称之为"出声地想")这个概念在一个可靠的心灵哲学中的首要性,我已强调多年。

8. 三言两语并不容易抓住我就此而言的"无拘无束"(free-reined)的意思。第一个尝试可能会是"并非有意实现的"。不过,这会忽视这个事实,即出声地想一个问题可以有意实现,就像当(例如)我们若有所思地说,"我来想想:怎么证明毕达哥拉斯定理呢?"

9. 我们可能会说"并非靠意向去向听者传达来实现的"来修改这个建议。不过,这会忽视这个事实,即共有的意向可以**支配**出声地想。正如思想的首要形式是出声地想,同样传达的**首要**形式是交谈舞蹈①。一对在以现代无拘无束方式舞蹈的人的行为受复杂的一般意向支配,但这个事实兼容这舞蹈的无拘无束特征。

10. 这表明进一步的改进是"并非靠意向去传达某某一条具体信息来实现的"。这符合我现在的目的。我只需要补充说,语言行为得是严肃的(**在使用中**),在这个意义上戏剧复述并非如此。

11. 我在上文写道**出声地想**这个概念在一个可靠的心灵哲学中的"首要性"。这首要性是双重的。首先,懂语言的人作出的这样的语言动作(假如我可以这样称呼的话)**本身是思想**。这样的思想,不管在发声中完全现实化,还是作为近前的("就在嘴边"的)发声趋向出现——只是被一般的"只想不说"的心境所抑制——关乎其的概念构成关乎概念活动的概念的基本阶层,就像关乎感知环境的中等尺度对象的概念构成关乎物理的概念的基本阶层一样。

12. 从这个阶层的视角看,一个思想序列就是一个近前发声趋向的序列,在这里这些趋向**作为趋向**实现了一个符合语言的许可和禁止的语句模式。

13. (本着斯宾诺莎主义精神的)想象力往往将未现实化的**发声趋向**理解为"隐藏的"**发声**,这为引入一个"内在言说"片断的框架铺平了道路,其中"发声"删减了荒谬之处,并应其解释角色的要求(例如关乎思想"速度"的那些)而丰富了。

14. 因为,正如可以区分关乎感知世界的种类、属性和倾向的物理的概念与用来丰富和修改我们的世界图画的微观理论概念,同样可以区

---

① 比较"It is hot over *here* where *I* am"向"It is hot over *there* where *you* are"的变换和对应的舞厅舞舞步的角色。

分关乎作为可公共感知语言动作的思想的概念阶层与关乎作为内在片断的思想的概念叠加阶层——其用来丰富和修改我们对人们思想（即在前一阶层定义的意义上的思想）是怎么一回事的理解。

15. 第二阶层定义一个思想（思想$_2$）概念，它**不是**转变出声地想（思想$_1$）趋向的概念，而理论物理学定义一个物理的概念，它**不是**常识的概念，这都不足为奇。关乎思想$_2$的概念用与思想$_1$的相似和相异来阐述，这也不足为奇。

16. "物理主义者"或"等同论者"预计会断言，思想$_2$的框架是一个图式，将被他相信初露端倪的关于思想的神经生理学描述取代。新笛卡尔主义者，和其先人一样，将思想$_2$的**功能**方面——它们的意向性——误认为独一的**描述**特征，会将思想$_2$的框架视为**非物理**过程的框架，阐述来理解和**解释**有意指言说的独特特征。这样一种新笛卡尔主义可能会被称为解释的笛卡尔主义，以区别于关于心理所予的传统学说①。

17. 不管遵循其中哪个策略，我们都得避免一个根本错误才不会陷入不融贯。这错误在于没能记住关乎思想的两个概念阶层之间关系的一个关键特征，即第一个阶层的"语言动作（languagings）"**本身**已具有意指和意向性。确切地讲，它们的"语义特性"是第二个概念阶层语义维度的模型。如果不牢记这点，这个事实，即第二个阶层对出声地想作出**更丰富**也**更细致**的描述，可能会被误解为它是在假定"思想"是"言说"的因果前件。

18. 这就好像精深的物理理论引入的微观物理过程被理解为用前理论语言概念化的物理过程的**因果前件**。不过，（依照理论）当盐溶解于水时发生的微观物理过程之于溶解不是原因之于效果。它们**是**更充分设想的溶解。当云飘过天空时发生的微观粒子运动不致使云移动；依照

---

① 我们会同样容易设想一种解释的亚里士多德主义，因为，后者虽会拒绝心理和物理**实有**的二元论，却会坚持心理和物理**过程**的二元论，前者的非物理描述特征（就像笛卡尔主义一样）将思想$_2$的功能的和规则支配的方面划错了范畴。

精细的理解方式,它们**是**云的运动。

19. 同样,提出作为"内在片断"的思想₂概念不是为了给出出声地想的**原因**,而是为了能精细地描述出声地想**是**什么。没能领会这点就是混淆真正的言语**行为**的概念和作为模式发音的言语"行为"的概念——就像我们可能会混淆微笑的概念和嘴角上扬的概念,或者混淆举手的概念和其向上运动的概念。

20. 用我在别处使用的语言来讲,**出声地想**的"继任概念"不是作为内在片断的思想概念,而是由(空泛的)**行为要素**、(在功能上设想的)**内在片断**和(很可能是神经生理学的)**简述过程**组成的复杂片断概念,它们用描述语言而非语义语言定义,在这个最小意义上是物理的,而且(a)体现了它们借以是思想₂的**功能**并(b)将它们关系肌肉和感官。

21. 当然,**如果**我们现在去除关乎其功能的和规则支配的特征的方面来掏空出声地想这一原初概念,**那么**我们可以恰当认为思想₂是言语"行为"的因果前件。不过,这样做就是自此以后看不见原初被解释的,并且放开了心理迷宫中的阿里阿德涅的线。

22. 认为思想₂是出声地想的**原因**(而且这点这样表述就变成分析的),就是暗中消除其关乎像意指、指称、意义、真和衍推这样的语义特性的归属的特征来掏空出声地想这一概念。而且,这样做就是通过加固这个想法,即言语行为(记住这个含糊之处)**本身**没有意向性,而正中二元论——要么是新笛卡尔式的,要么是新亚里士多德式的——的下怀。这容易变成这个想法,即言语行为的"意向性"**在于**它被独具**内在**意向性从而独被恰当刻画为思想的片断致使。

23. 而事实上,作为出声地想的言语行为具有**内在**意向性。部分靠与出声地想的相似(和相异)来设想的思想₂也同样如此。我们的确可以说,(**空泛的**)言语行为具有意向性,因为它(在一个**因果**意义上)表达具有**内在**意向性的内在片断。不过,我们也可以说,**真正的**言语行为因其体现的功能角色而具有**内在**意向性。出声地想因(在戏剧意义上)实现了这些角色而(在一个**非因果**意义上)表达意指。

24. 我在本节一开始提出从**传达手段**来理解语言有"本末倒置"的危险。下述思路说明了这个危险：

> 语言片断是从属传达框架的行动。尽管个体语言行动没有传达抑或甚至没有意向传达也可以执行，但是这个事实，即充分描述关乎语言片断的语义概念要求提到传达实践，表明它们依靠这个框架。比如，是说 that-p 就是是在可定义环境中会传达**信息** that-p 的发声。因此，说 that-p 的概念牵涉**意向传达** that-p 和**相信** that-p 的概念。
>
> 一些思想片断(例如觉察 that-p)本质上是**非行动**。如果其直接靠意向它发生来实现，那么并不存在觉察 that-p 这个片断。当下相信、推论和意向也是如此。因为这些是思想框架的核心，所以不存在本身可以**是**思想的语言片断，尽管它们肯定可以**表达**思想。因此，你据以建构你的心灵哲学的出声地想概念是不融贯的。
>
> 理解一个语言表达式，就是将其理解为能用来传递某些信息的东西。因此需要有意向和理解的概念。因此，比相信和意向的**非语言**片断的阶层更基本的关乎思想的概念阶层，是不存在的。
>
> 关乎思想与事物之间联系的语义概念无法被正确地理解为更基本的关乎语言的语义概念阶层的精深(sophistications)。它们要么构成一个天赋概念框架，要么构成一个从关于心理活动的内省经验抽象而来的框架。
>
> 这里，和其他地方一样，你的形而上学观点尽管比传统唯名论和自然主义更确切说明了——至少就意向而言——事情的复杂，却本末倒置了。

25. 我让读者来评判谁本末倒置了。

III

26. 我在本章第一节说，意指陈述的表层语法掩盖了经验意指的整体论特征，即融贯和相互靠扮演的必不可少的角色。一个简单但也并非过于简单的例子可能有助于使这一点直观。

27. 我们怎么解释语词"triangle"的意指，或许是向不知道怎么使用它的孩子？显然，如果孩子已经熟悉几何语言，那么一个达到这个目的的方式就是给出一个定义之类的。我说"之类的"的原因在于我们想当然地认为自然语言是多变的，因为我们在运用的语言理论不承诺蒯因称为的博物馆神话也不会深思理念或本质。因此，在我看来只需要强调，一个解释语词"triangle"意指的方式是给出一个功能高度相似的表达式。我们可能会有点怀旧地尝试

'Triangle' means *plane figure bounded by three straight lines*。

（译作："triangle"意指**三条直线围成的平面图形**。）

28. 现在，找到功能等值我们在试着解释的表达式的表达式串的程序显然有其局限。孩子可能根本就不"喜欢"几何语言。不管怎样，我们迟早说到难以或不可能以**那个**方式解释的词句。

29. 因此，说到像"点""线""交点"等这样的语词，解释它们的意指必不可少的一部分是在某些言语语境中考察它们的使用，比如在表达概念真理的一般语句中和在相应的标记了推论信号的语句序列中。当然，虽然孩子也得习得用正确词句来回应实例的能力，但是，除非这些回应模式并入语言内移动和离开语言转变，否则它们不具有概念特征，而且连标签都不算。

30. 将意指陈述错误解读为具有形式

（语言的）意指（非语言的）

非常容易结合领会语词-对象联系对于经验意指的必要性，产生这

个完全错误的想法,即语词-对象的回应模式是经验意指的最根本。我们想到实证主义的教条,即基本描述词项的意指由这样的联系构成;其他词项的意指由将其和这首要语汇连结起来的定义链条构成。

31. 我在上上一段提到"表达概念真理的一般语句"。我现在想要强调,我考虑的语句不具有等值形式。它们不具有形式

Something is a bachelor if and only if it is an unmarried adult male human。

(译作:什么是单身汉,当且仅当其是没有结婚的成年男人。)
我考虑的这种起规律一样的陈述在精深话语中起的作用,其关键特征在于它们产生虚拟条件句和反事实句。

32. 因此,依我看,我们一旦抛开意指陈述强调的功能等值,去看一看经验陈述**本来的**实际功能发挥,我们就看到,**描述**它们的功能就是讨论经验表达式在感知报告、在推论和在(我稍后将要强调的)行动中的角色。

33. 因而,除非我们不但愿意用"This is red"来回应标准条件下的一个红的对象,而且愿意作像

这是红的。因此,它**不**是绿的。

这是红的。因此,它是**延展的**。

这有一个荧光灯。因此,尽管这看上去是深红的,但是它很可能是猩红的。

这样的推论,否则我们尚未完全理解语词"red"的功能发挥。

34. 而且,某些谓词的真正意指包括其非空洞地出现在规律一样的陈述授权的推论中,比如

这根指针被磁化了。

因此,当它自由漂浮时指向北方。

35. 我来这样总结这些简要评论①，即经验谓词的意指或功能**部分**在于牵涉一个推论模式系统，其中只有**一些**——最无趣的——表达传统意指理论(探索同义)强调的功能等值。更加重要的是反映接受规律一样的语句的逻辑综合模式。

36. 我至此一直聚焦谓述表达式。因此是时候指出，描述**指称**表达式的表示功能也得首先指出意指和指称的等值模型的危险。这里，我们也得避免被像

"Parigi"(在意大利语中)意指巴黎

"Socrates"指代柏拉图的老师

这样的语句迷惑。

37. 名称、指示词和描述词有截然不同类型的功能，尽管其每一个都以各自的方式对一个表示系统的观念作出贡献。这些功能绝非相互独立。而且它们不要用表达式与对象之间的逐个的一对一联系来理解。这在描述短语的情况中是**明显的**，在像"here""now"和"this"这样的指示词的情况中**应该**是同样明显的。因此，简要考虑名称的功能可能会是极为有益的。

38. 等值模型表明的策略是，用与限定描述词或限定描述词组的功能等值来解释名称的语义角色。而且毫无疑问会发现某个功能相似度。

39. 不过，想想一个坐标系的原点 O 的情况。假定 A 的英寸刻度坐标是(2，3)，在"O"和"在 A 下方 3 英寸与左方 2 英寸的点"之间有高的功能等值度。不过，显然，"O"具有一个不由这样的功能等值**构成**的功能。

40. 对象的名称有一个功能，就是和一个坐标系的原点一样作为一**个固定的参照中心**，即，可以说，一个勾连描述词的挂钩。或者，使用一

---

① 以它们为代表的意指进路在一长系列的文章中被阐述，其中一些已经提到。我可能会还提到《推论与意指》[*IM*(22)，转载于 *PPPW*]和《反事实句、倾向与因果模态》[*CDCM*(33)]。

个相反指向的隐喻来讲,一个名称可以说是漂浮在它支持的描述词之上——一种相互关系。因为,当我说"固定的",我肯定不是想暗示一个名称系统免于修订。

41. 而且,确切地讲,一个表示系统中原则上没有什么免于修订,除非是本身不作表示承诺的纯粹形式或逻辑的真理。在实践中,即在一个给定的探究语境中,某些修订会是明显荒谬的。

IV

42. 在阐述关于一个表示系统的想法时使用的明显类比是地图类比,而且我仍将使用它,尽管它有危险。或许其中最严重的危险源于这个事实,即出于实践理由,地图通常制作得**看起来像**其描绘的地带。这个事实容易认为一张地图的本质在于它与其描绘的**相似**——如果不是表面的相似,那么就是深奥的相似。我将在论证后期进一步看看这个错误。

43. 再一个危险在于这个事实,即地图被使用,尤其是被读取。我早就说过,一种经验语言——一种"关于它在其中使用的世界"的语言——的表示特征要求可能会被称为的一个图式的世界故事在语言中,这个故事和语言本身以及(当然)它嵌入的世界一样仍在发展中。现在,如果我们将这个世界故事理解为一张地图,而且没有严密监视这个隐喻,那么我们可能突然发现自己处于荒谬之中。

44. 想想下述陈述序列:

(1)一种经验语言的核心是一张地图。

(2)思想靠使用一张相关地图来联系对象 $O_1 \cdots\cdots O_n$。

(3)使用一张地图包括读取它。

(4)一张地图是一个对象结构。

(5)读取一张地图是一个思想形式。

(6) 读取一张地图包括联系地图对象,即 $MO_1 \cdots\cdots MO_n$。

(7) 因此,联系 $O_1 \cdots\cdots O_n$ 要求联系 $MO_1 \cdots\cdots MO_n$。

(8) 而且,这又要求读取一张关于 $MO_1 \cdots\cdots MO_n$ 的地图。

(9) 等等……

45. 得看到,这个倒退有问题的特征并非源于对一个无限描绘系列的想法的怀疑。这个想法和任何涉及无限概念的想法一样合法——这不是说关乎康托乐园的一切困惑都解决了。问题毋宁在于,上述思路牵涉的原则产生了一个**不会**有一个顶层却(如果思想要联系其对象的话)**必须**有一个顶层的**读取**地图的层级体系。

46. 我们想到这个本着论辩精神归给感知表示理论的论点,据此我们看到对象是通过看到表示那些对象的对象。再贴切一点,我们也想到这个看法,即大脑通过生产和破解神经生理学的大脑语言殊型来思想。

47. 其实是,我们在考虑的这条思路只不过再次体现了工具主义的语言进路。它以前看来是这个看法,即语言本质上是传达手段。我在批判它时说,虽然语言的的确确用作工具,但是这个角色基于实存一个非工具的语言行为阶层,其规则支配的模式**构成**相关语言项的真正意指(角色)。就是在这个阶层,变成传达理论的**信息**的命题内容得到其首要存在方式。本身即**思想 that-p** 的行为可以恰当**用来**传达信息 that-p 并非偶然。

48. 因为有一个以这样一种方式使用短语"语言的使用"的流行趋向,即所有语言行为是**使用语言**,所以,或许我们应该说有一个(有点悖论的)非工具意义的"使用",据此,人们连在他们从事自由漂浮的出声地想时也在**使用语言**。这样一个含糊之处的实存有助于解释语言哲学家为何轻易就犯下了相当于范畴错误。

49. 这个一般策略还可以用于关于地图类比的困惑。地图的确被使用。它们被查看,尤其是被读取。不过,不可以有一个过程之于**查看**

一张地图就像出声地想之于传达吗？出声地想是语言的一个比传达更基本的行为牵涉。不会有可以恰当称为的一张**语言地图**的行为牵涉比地图因被**查看**而有的行为牵涉更基本吗？或者，换言之，不会有一个非工具的"**读取**"一张地图的方式给地图其**意指**且之于作为工具的地图就像**命题**之于**信息**吗？

50. 对这些反问的预期回答当然是有。读取地图促成了引导行为。因此这些问题可以总结为一个大问题：不会有一个地图读取方式，一张地图以此引导行为而不被用作一个引导行为的工具或（到达关键）不是一个中间**对象**吗？我们将看到，这个问题的回答是明确的有。而且，看到为何如此就是可以解答一个以某个形式纠缠着作为一个表示系统的语言（和思想）的真正概念的困惑。

51. 我将要通过一个类比来处理这个问题。它属于一个奇特的域，其中我们用关于人类行为的真正语言来描述关于人类行为的计算机模拟——不过，阶层划分引入其中，来对应在产生计算机行为的过程中激活的电子系统和子系统的层级体系。这个被引入的阶层划分是对其被"引入"的语言的洞见的丰富来源。确切地讲，将计算机模拟看作人类行为的**人工相像**，就是能把握理由与原因（齐一性与规则）之间的复杂关系。当然，有相似就有相异，而且这项哲学任务虽进一步聚焦却仍和之前一样广泛。

52. 想想一枚智能导弹，它在接近其目标时"依照一张地图"。刚收到的雷达信息按照一个程序处理来产生一个关于导弹位置的地图表示。虽然这个地图表示是复杂对象，但是这枚导弹回应它并不像它回应其环境中的对象一样；即它不通过"进入地图转变"作回应，而是通过将这个地图状态的相关特征变换为使用导弹兼环境的语汇的原子**命题**的**合取**（其很可能还使用电子记号设计），从而为其逻辑运算作准备。例如，地图状态（在这里中心表示导弹）

变成

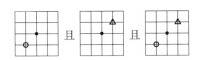

(我们将看到,能作这个变换对于地图在一个首要意义上是地图必不可少)。

53. 这些命题属于一个更广包但相同层级的表示系统,这个系统含有命题逻辑、一套量化设备和相关的一部分数学,也含有一套行动语汇,比如"改变航向""m 秒倒计时发射 n 火箭""自毁"等。除了"进入地图"转变,这个框架也包括从确定祈使句到相应行动的离开表示转变。

54. 因此,这个程序挑选某些在这框架内表述的命题来用作"常设语句"。例如(使用其他计号设计):

从任何位置移向$[x_9,y_5,z_3]$!

如果位于$[x_9,y_5,z_3]$,那么自毁!

如果在航向 C_i 位置 $f[x_3,y_7,z_5]$,那么改变航向到 $f'(C_i)$。

改变航向到 $f'(C_i)$,m 秒倒计时发射 n 火箭!

等等。

这个导弹程序(已知这张地图的状态)产生一序列表示内转变,终于(例如)命令

3 秒倒计时发射♯2 火箭!

通过离开表示转变,它用 3 秒发射♯2 火箭来对其作出回应。

55. 相比之下,想想一枚智能导弹,它的建构使它**查看**一张地图。和之前一样,它首先处理刚收到的信息。不过,这次信息以这样一个方式处理,即它产生一组使用导弹兼环境的语汇的原子命题,其中每一个都将一个特性或关系归于环境中的一或多个对象,包括这枚导弹。

56. 这些命题殊型被回应，**并非**通过相同层级的终于命令"3秒倒计时发射♯2火箭！"的表示内转变。而是它们**作为**命题殊型通过进入元表示子系统（语义元语言）的转变被回应。这导致了用功能语言来归类原初命题殊型的命题殊型（意指陈述）。这又导致了搜索这枚导弹的地图状态所属的表示系统的那些与原初命题殊型描述上同义的要素，并激活相应的地图状态。（找到同义词**含有**这次激活，在这个意义上，即其变换为的合取命题含有第52段例举的地图碎片。）

57. 这个地图状态系统所属的第一层级表示系统**确实**含有（而原初命题殊型所属的系统**不含有**）将地图状态和命令（比如）

3秒倒计时发射♯2火箭！

联系起来的表示内转变序列（实践推理）。

58. 考察这两个例子（两者都是以一个非常直观的、不择生冷的方式叙述的）应该会支持这个想法，即一张地图在一个首要意义上发挥地图功能，其根本特征是它在（关于在一个环境中游历的）实践推理的概念空间中的位置。

V

59. 我在前一节引入地图话题时提到这个从我最早的发表①以来我就一直坚持的看法，即一种经验语言的表示特征要求一个图式的世界故事在语言中。还要再谈这个"在"（presence）。

60. 显然，一种经验语言准许表述很多故事。首先，有**虚构的故事**。这样的故事不同于我在称为的这种语言的**世界故事**，因为可能会称为的"从前"提示给它们"加括号"。这会切断它们与**实践**的联系，即去除了严肃使用语言与观察和行动的联系。就此而言，使用这个提示就像踩汽车的离

---

① 参见（例如）《实在论与词句新路》[RNWW(3)]，改动之后转载于 PPPW。

合器。如果我们要比较一个世界故事和一张地图,那么我们得琢磨"真实"地图和"虚构"地图的区分。我们不试着用一张霍比特地图去什么地方。

61. 不过,对"真实"和"虚构"地图的区分切得还不够深。因为,有一个意义,语言准许表述别的故事,它们在其竞争被接受的世界故事身份的意义上同样在**使用**中。我想强调的是,在这个竞争过程中的任何一刻,现用的语言都**承诺**一个世界故事,不管多么图式和碎片①。不过,这个承诺是临时的。这个故事是居住其上的人正在建造(和当然,重建)的船。关于这项事业的社会本性,即认识价值和规范的人际方面,还得说很多。不过,那是其他地方的一项复杂任务②。

62. 一种语言在其发展的任何特定阶段对一个图式故事作出的这个(理想化的)承诺,不要理解为那个故事对应普遍赞同的信念,因为这些信念(可以说)**外在于**这种语言,而且这种语言**不关切**哪些信念被语言共同体分有。一种语言其首要存在方式就**是**(真正的)语言行为所体现的任何逻辑形式或概念层级的信念、推论和意向的模式。就是对语言的工具主义理解将其误解为用其"可表达的"别项间的中立手段。

63. 语言动作(在语境中)被某种事件**唤起**是一个**因果**事实,然而这对其概念特征必不可少。感知认定、内省觉知、推论③和决断的这个因果方面解释了挑选**一个世界故事而非其他**,而且将这次挑选的"是"和这种语言的规则支配或"应当是"特征联系起来。这个独一的故事"在"这种语言发展的每一阶段,使得名称、描述词和指示词的指称框架可能,以此来使得会丰富和修订这个故事的解释活动可能。

---

① 故事是"图式的",不但在有**缺口**的意义上,而且在含有用属的语言,即通过选定子故事的析取式(因为,说到底,属的是析取式),讲述的子故事的更丰富意义上。
② 我在一些地方阐述了伦理规范的主体间性的主题,例如,在 *SM*(63)的第 7 章。关于认识规范和价值的相应观点隐含在第 3 章和第 4 章关于意指和真的讨论中。另见《有非演绎逻辑吗》[*NDL*(73),转载于 *EPH*(94)]的结论部分。
③ 关于推论的逻辑方面和因果方面之间关系的探讨,参见《行动与事件》[*AAE*(78)],作为第 10 章转载于 *EPH*。

64. 因此,一种语言的进入语言、语言内和离开语言的转变牵涉的(积极的和消极的)齐一性受其元语言阶层的具体的应当是陈述支配,而这些又受有关解释融贯的应当是和应当做支配,这个事实构成语言动作既属于因果次序又属于理由次序的两面特征。这种看待概念活动的方式将传统关于意向性在自然中的位置的问题置换为了更为便捷的语言。

65. 在**是**事实上被接受的世界故事的世界故事概念和**应当是**被接受的世界故事的世界故事概念之间的张力是真实的,相关探讨将我们带到认识论的中心问题。我们可以谈论语言动作的**是**奋力向语言动作的**应当**吗?如果理由可以是原因,那么不会有**一个**理由是语言动作的**原因**,确切地讲,"最终"原因吗?天气和土壤条件可能妨碍意识到橡子发育的最终原因。但橡子终究是橡树。偶发情况可能阻碍了探究之路,但真(表示的充分性)作为语言表示的**会是**(*would be*)常住①。

Ⅵ

66. 我搁置这些深层的形而上学反思来着手一些细节问题。我们看到,世界故事的概念是**认识概念**,即一种语言之于其关于的世界的规则支配的牵涉(是)产生的和(应当)要求的故事的概念。当然,我们首要关注嵌入**我们的**世界(包括**这个**的世界)的语言。但我们当然可以设想其他世界和嵌入其中的语言。而且,关于这样的世界和这样的语言的理论是所有经典哲学问题的汇聚之处。

67. 一个表面上的小观点可能有助于聚焦。在相关的意义上,构成一个世界故事的陈述当然是逻辑上偶发的。它们有逻辑上融贯的对立。如果这个故事列入"a is red",那么,就逻辑而言,它本可以列入"a is

---

① 关于这个主题的出色阐述,参见杰伊·罗森伯格的《语言表示》(Dordrecht, Holland, 1974年),另见《难以捉摸的范畴、阿基米德式两难与人的本性:塞拉斯式形而上学研究》,载于(赫克托·卡斯塔尼达编辑的)《行动、知识与科学》(Indianapolis, 1975年)。

green"。总的认识情境决定了它不列入后者。

68. 因此,这个事实,即"a is red"和"a is green"都是逻辑上偶发的和**在这个意义上**同等的,不意味着 a 以某个方式中立于红的和绿的。说若 a 是红的为真则 a **是红的**,这可能看起来像没有启发的常理。但其实不然,因为就是**因为** a 是红的,殊型化"a is red"才是(语义)正确的。众所周知,并非每个**蕴涵**都产生**解释**。**就此而言**,

2+2=4 当且仅当 3+3=6

截然不同于

"a is red"(在 L 中)为真当且仅当 a 是红的,

在这里,后者在一个严格意义上发挥 T 语句的功能。显然,如果我们将"当且仅当"理解为为真函项等值,那么序列

"a is red"(在 L 中)为真当且仅当汤姆是高的

汤姆是高的

因此,"a is red"(在 L 中)为真

就会和

"a is red"(在 L 中)为真当且仅当 a 是红的

a 是红的

因此,"a is red"(在 L 中)为真

具有相同的身份。但这些序列中的第二个的内容可以用"因为"取代"因此",而第一个中的不可以。当然,我们注意到,第一个序列中的等值违反了这个 T 语句要求,即左边在引号中的表达式相同于(或翻译)右边不在引号中的表达式。不过,尽管这个要求给出一个**标准**来选定基本的 T 语句,但是它没有给出这个标准的**理据**,这完全相关这个事实,即 a 是红的**解释了**为何"a is red"(在 L 中)为真。大致地讲,这是因为"真"意指语义正确,而且"a is red"属于我们的语言的(正确的)世界故事[①]。

[①] 显然,将其讲明牵涉所有关乎我仅为了回避而提到的语言动作的**是**和**应当**的微妙问题。关于这样的尝试,参见 *SM* 第 4 章。

VII

69. 表面上,我一直在为描述诸世界故事铺平道路,这个描述将其(可以说)理解为诸世界尺度的(尽管是图式的)地图①。不过,我实际上打算给出一个描述,这个描述将**日常意义上**的诸地图理解为一个世界故事的有限碎片。因为,清楚理解日常地图的作用就是把握世界故事在一种语言的表示功能发挥中的角色。这里,和其他地方一样,存在次序的首要性没能符合理解次序的首要性。

70. 第一步是将日常意义上的一张地图理解为逻辑基本语句的系统②。我们可以假定这些基本语句(比如)依照一本简明翻译手册翻译成英语。比如,某一位置的某一图斑是这张地图的代表芝加哥的名称——就像其将语词"芝加哥"置于它旁边来细心标明。当然,并非所有的地图名称都需要给出翻译提示。

71. 我不会用关于什么翻译成什么的明显细节来烦你们。要正确把握的关键是,有一个优先翻译方向,正如代码有一个优先翻译方向。代码是寄生的——地图也是。不过差别显著。因为代码项翻译成整句,而地图项翻译成**既有**名称**亦有**整句。(第三章阐述的谓述理论自此开始收益。)比如,地图碎片

---

① 当然,不该认为这是说诸地图可以在一张中现实化,而是说它们是可单独**现实化**的碎片地图组合起来的组合。
② 当然,不是在《逻辑哲学论》的"绝对"意义上。芝加哥当然不是绝对简单的,尽管在相关意义上它是一个对象。

是基体,可以将其雕刻成译作"芝加哥是首府""厄班纳是城市""芝加哥位于厄班纳的东北方"的语句。

72. 这张地图的语汇是有限的。它**不**包括逻辑连结词、量词或模态词。尤其是,它不包括**描述词**。

73. 另一方面,它靠在地图符号和**它作为其功能发挥部分**的真正语言之间的联系来**产生**描述词。这些联系使地图符号能间接参与逻辑运算。比如,尽管"芝加哥向南 80 公里东西方向的公路"不是任何地图符号的翻译,但是懂这张地图的人可以随口说出。

74. 地图不只是名称列表,尽管在一个意义上它由名称组成。即使在地图上的每个符号都是名称的极限情况下,它也不只是名称。地图属于混沌语方言。

75. 尽管在某些方面地图可以比作代码,但是一个显著的差别在于,在某些方面地图符号与地图**表示**的地带**相似**。因此,得看到,地图不靠这些相似的纯粹实存来**表示**地带。它们得扮演围绕这个事实的语义角色,即它们翻译成地理学语句。至于何种相似因其使跑步的人能读取地图而是有益的,这个问题属于地图理论的其他维度。

76. 我刚才指出,地图语汇极为有限,例如缺乏逻辑连结词。同样得指出,它缺乏代表行动的语词。因此,尽管一张地图用于旅行,但是没有代表"向前""右转"等等的语词。因此,即使这张地图告诉我们芝加哥位于厄班纳北方,但是只有用我们将这张地图翻译成的语言,我们才得到

  从厄班纳向东北方走是去芝加哥。如果我在厄班纳想要去芝加哥,那么我应该先向北走 89 号公路。

77. 就是这个事实告诉我们地图**是**什么。它们要是地图,我们不必实际使用它们到它们表示的地方,不过,是地图的关键在于翻译成吻合

从 A 点到 B 点的**实践**话语的语句。

  我在这。这是厄班纳。

  芝加哥位于厄班纳东北方 89 号公路上。

  这是 89 号公路。

  我将到芝加哥(且满足某些其他条件)**当且仅**我沿着 89 号公路向北走。

  我将沿着 89 号公路向北走。

对此可能会补充：

  芝加哥是大城市。

  在芝加哥就是在大城市。

  (已知我的位置)今晚我将在大城市当且仅当我在芝加哥。

  愿我今晚在大城市。

  愿我在芝加哥。

  78. 因此，从实践的视角看，在代表芝加哥的符号与芝加哥之间以及在代表大城市的符号与大城市之间有一个**联系**。

  79. 而且，在这个事实，即大城市有郊区，和这个事实，即绘图者会在代表大城市的符号附近画一个代表郊区的符号(即使他没有直接得知有这样一个郊区)，之间有一个联系。

  80. 这一提建构一张地图让我回到建构一个世界故事的主题。而且我绞尽脑汁也没找到比我在《真与"对应"》[①]中对这个话题不得不说的话明显更好的方式来讲清楚这个观点。下述段落摘自这篇文章的结论部分[②]。

Ⅷ

  81. 没有将语言和非语言次序关系起来且对于意指和真必不可少

[①] *TC*(47)，作为第 6 章转载于 *SPR*。
[②] *SPR* 的第 211—224 页(第 39—77 段)。

的描画关系吗？

82. 在我们关注的段落中，维特根斯坦一直将描画（picturing）刻画为在**考虑为事实**的陈述与另一组他称为世界的**事实**之间的关系。大致地讲，他一直将描画设想为在（一方面）关于语言表达式的事实和（另一方面）关于非语言对象的事实之间的关系。

83. 如果我们说关于非语言对象的事实是非语言事实，那么我们由此忍不住认为关于非语言对象的事实是奇特的非语言实体：非语言的伪实体。不过，我们看到，在关于非语言实体的事实意义上的"非语言事实"**在另一意义上**本身是**语言**实体，它们和非语言次序的联系是做了什么或要做什么，而非关系。即从"that-p is true"推论出"p"。而且，只要描画被理解为在关于语言对象的**事实**和关于非语言对象的**事实**之间的关系，就没什么可说的了。

84. 不过，要是我们将"描画"理解为在语言与非语言的**对象**之间的关系，而不是将其理解为在**事实**之间的关系呢？就是这个表述带来一种放松的感觉，因为，在日常生活中，我们说物或人的图画，而非事实的。大致地讲，一个**对象**或**一组对象**是另一**对象**或**另一组对象**的图画。但因为对象只能靠关于它们的事实（即只能靠具有性质和处于关系）来描画对象，所以这样坚持似乎是吹毛求疵：处于描画关系的是对象，不是事实。不过，这不是吹毛求疵，而是问题的核心。

85. 在我们阐述这个建议之前有两个初步评论。

1. 如果描画是自然次序中的对象之间的关系，那么这意味着相关的语言对象得属于自然次序。而且，这意味着，我们得用经验特性和事实关系来考虑它们，尽管这些可能（确切地讲，必定）非常复杂，涉及关乎语言使用者及其环境的各种各样的恒常连合或齐一性。确切地说，尽管我们可能（确切地讲，必定）知道这些语言对象受制于规则和原则——充满"应当"——但是我们在将它们作为自然次序中的对象来考虑时抽离了这知识。我引入词项"自然语言对象"（natural-linguistic object）来指称这样考虑的语言对象。

2. 我们得小心，**不要效仿维特根斯坦将复杂对象等同于事实**。这是一个简单的却(对我们而言)极为重要的观点。在复杂对象与事实之间显然有**某个联系**。比如，如果 C 由 O_1 和 O_2 处于某一关系组成，那么，若 O_1 和 O_2 不这样关系，"C"就不会指称什么。不过，即使我们通过假定事实 O_1RO_2 涉及指称表达式的真正意义，来尽量紧密地理解在指称表达式"C"与事实 O_1 和 O_2 以某个方式关系之间的关系，说复杂 C 是事实 O_1RO_2 仍旧没有逻辑意义。我们至多有资格说，含有指称表达式"C"的陈述原则上可分析为关于 O_1 和 O_2 的陈述，**其中就有陈述"O_1RO_2"**。不过，在这展开中出现的是**陈述**"O_1RO_2"，不是**事实表达式** "that O_1RO_2"。因为，有两个意义可以说一个陈述"关于一个事实"，这两个意义一定不能混淆：(a)这个陈述含有一个表达真命题的**陈述**。在这个意义上，一个真陈述的任何为真函项都"关于一个事实"。(b)它含有一个事实表达式，即一个事实的名称，而非一个陈述。比如，"That Chicago is large is the case"含有事实表达式"that Chicago is large"，而且在给其一个元语言特征的全新意义上"关于一个事实"。

86. 这点很重要，因为，如果关于复杂对象的陈述在含有事实表达式的意义上"关于事实"，那么，承认事实的元语言身份，陈述

C pictures y

（译作：C 描画 y）
(在这里 C 是一个复杂自然语言对象)就会具有形式

That-p pictures y。

（译作：that-p 描画 y。）

因此，"C"表面上指称一个复杂自然语言对象，但会实际上指称描述其复杂性的陈述，而且，表面上大意是某些自然语言对象是其他自然对象的图画的陈述，会只是表面上在我们定义的意义上关于**自然语言**对象，也会实际上在涉及对规范和标准的理解的完全意义上关于陈述。

87. 进一步的后果是,如果复杂对象是事实,那么只有简单非语言对象可以被描画,这会导致常见的(必定有且语言要描画世界就得考虑到)关于绝对简单的二律背反,但是当追问语言使用者举出一个例子时,没有例子会被举出来。这些困难都通过承认复杂不是事实而被绕开了。

88. 不过,我们在一条可能是死路的路上至多走了第一步。因为,就算有复杂自然语言**对象**进行描画,它们描画什么,它们怎么描画?

89. 我首先来评论维特根斯坦处理描画的一个特征,我认为,它含有回答的关键,不过他予以错误利用,将其和

fact pictures fact

(译作:事实描画事实)

模型过于紧密地连在一起。因为,尽管这个模型使他能阐明一个关于基本陈述逻辑形式的可靠观点,但是它失去了这个想法的具体要点:不管语言的其他功能是什么,它中心的必不可少的功能(即其他一切功能的**必要条件**)是使我们能**描画**我们生活的世界。确切地讲,一项重大成就是表明,n 元指称表达式配置表示 n 元事态。不过,这个论点本身无助于理解这个关键问题:关于**这个具体的** n 元指称表达式配置,有什么使这个配置言表被指称项以**那个具体的** n 元方式关系?我们忍不住说,语言配置与非语言配置之间(即谓词与特性之间)的联系就是约定的,到此为止。

90. 从这个立场看,一张**地图**与一个用基本陈述作出的言语描述之间的差别,就是在一个约定,即用 n 元指称表达式空间配置来表示 n 元的大小和位置关系,与一个约定,即用 n 元指称表达式配置来表示这些n 元关系而不要求它们是 n 元**空间**配置,之间的差别。而且,确切地讲,当维特根斯坦将作为图画**既是空间**图画**亦是逻辑**图画的地图对比是**逻辑**图画但不是空间图画的陈述时,他似乎在承诺这个看法,即他考虑的描画的唯一**根本**特征是,n 元原子事实用 n 元名称配置来描画。

91. 另一方面,我希望表明,陈述与绘图学事实之间的类比要求扩展,而非上述那样收缩。不过,我想阐明的第一点可能看起来击中地图类比的要害。因为它就是我们**日常**称为的地图仅以一个寄生的方式是逻辑图画。维特根斯坦自己强调,一幅逻辑图画只有靠其在为真运算的空间中实存才是这样。比如,某一点(表示芝加哥)在其他两点(分别表示洛杉矶与纽约)之间,这个事实可以言表芝加哥在洛杉矶与纽约之间,只是因为它靠某些一般的和具体的约定联系陈述"芝加哥在洛杉矶与纽约之间"。因为,我们仅就后者这样的陈述实际进行像否定、析取、合取和量化这样的逻辑运算。一点在其他两点之间,这个绘图学相关的事实对应被视为三元名称配置的陈述。不过,我们仅就后一配置执行逻辑运算,其和这个事实,即它是一个配置,一样对于它作为一个陈述必不可少。而且,即使我们确实直接就绘图学配置来执行为真运算,一种代表空间关系的地图语言也只能作为一个更广包话语空间的一小部分实存,问题再次出现:除了用口号一个 n 元名称配置描画一个 n 元对象配置总结的特征之外,在**所有**基本陈述的作用与地图配置的作用之间还有共同之处吗?

92. 不用说,我的回答是肯定的。而且,我提出,如果回答的关键在于用图式

[自然语言对象]O_1'、O_2'……O_n'靠关于 O_1'、O_2'……O_n' 的某某事实构成一幅关于[对象]O_1、O_2……O_n 的图画

替代《逻辑哲学论》的图式

语言事实描画非语言事实,

那么我将要简述的描述仍以一个经过修改的方式维护这个维特根斯坦式主题,即名称的配置描画对象的配置。因为,过早地讲,自然语言对象,其靠相互之间和与这些非语言对象之间处于某些事实关系在欲想的意义上构成关于它们的一幅图画,是非语言**对象**(而非事实)的语言对应,而且说它们是"名称"不太引人误解。补充说这幅图画就是一个(**作**

为自然语言对象的)基本**陈述**系统,就是利用维特根斯坦的洞见,即一个基本陈述的出现要被理解为指称对象的名称**以某一方式**出现。

93. 不过,我要强调,在我的描述中,"名称"在这幅"图画"中出现的**方式**不是对象在世界中出现的**方式**的约定符号,仅受限于这个抽象条件,即 n 元事实的图画本身是 n 元事实。相反,我认为,名称在这幅图画中出现的方式是对象在世界中出现的方式的一个(依照一个极其复杂的投影规则系统的)投影。不过,我赶紧补充说,我认为,我即将给出的描述起源于《逻辑哲学论》,即那个洞见宝盒,尽管被我在前几节试着理出的翻译主题掩盖了。

94. 在下述论证中,我将大量利用一条原则,我仅表述和运用它,不为它做其要求的辩护,而是依赖于它的直观的优点。在我陈述它之前,我要强调,我的论证既不做从"应当"向"是"的自然主义还原,亦不对规范词项的意指的概念特征作情感主义否定。还要记住,尽管我在外显话语方面做我的阐明,但是我相信,它们可以通过类比扩展到(思想动作意义上的)思想。

95. 这条原则如下:尽管说什么在某一种环境中**应当被做**(或**不应当被做**)不是说**每当**这个环境出现它**被做**(或**不被做**),但是这个陈述,即一个人或一组人认为什么是在某一种环境中应当(或不应当)被做的,**衍推**(其他条件均同)每当这个环境出现他们实际**做**(或抑制做)相关的行动。我将把短语"其他条件均同"置于一旁不去分析它,而且我将把这条原则简述如下:对原则的支持反映在执行的齐一性中。我将不试着分析支持一条原则是怎么一回事,我也将不试着阐明规范词项的意指。我不是在断言,**遵守**一条原则(即根据原则行动)等同于展示一个符合这条原则的执行齐一性。我认为,任何这样的想法都彻底错了。我只是在说,对一条原则或标准的支持(**不管它涉及其他什么**)都具有一个执行齐一性。而且,要强调,这个齐一性(尽管不是它体现的原则)可以用事实语言来描述。

96. 如果我们评述语言执行可以说是"正确的"或"不正确的"的各种各样的方面，那么或许可能就领会了这条原则对于我而言的重要性。显然，其中很多方面与我们的问题不相关。我们关注的正确性和不正确性关乎基本陈述的逻辑句法以及我将称为的"观察语境"。我将在下文假定，基本命题且仅基本命题始终是自发**出声地**想。当然，这"在头脑中"留下大量要做的思考。我的问题是看看，根据某些理想化的假定，能否就外显话语定义一个描画方式，之后可能会扩展到其特征类似外显话语陈述的思想动作。

97. 我在特别指出的齐一性属于两个范畴：

1. 陈述-陈述。这些齐一性在外显层级对应被支持的推论原则。刻画这些齐一性，当然，预设它们牵涉符合这种语言的"生成规则"的言语模式。

2. 情境-陈述。这些齐一性这样说明，即一个人，面对标准条件下一个绿的对象，（大致地）想"Green here now"，从而（根据我们的假定）自发做出相应的陈述。

98. 在这两种齐一性内都要做出重要区分。而且，一个指向思想和行动相互牵涉理论的更周密讨论会要求提到第三个齐一性范畴，涉及从陈述到情境的转变，就像当一个人说"我将要向右迈一步"继而这样做。这会要求讨论语词"将要"(shall)的效力以及"我此地此时将要做 A"在什么意义上含有陈述"我此地此时即将做 A"。我在别处提到过这些话题①。不过，就我现在而言，我完全可以假定，终于外显行动的"决断"（不管是言语的还是非言语的）本身没有找到外显表达。

99. 现在，常见的事实是，休谟对于作为思想 that-p 的心理片断和意象之间的区分摇摆不定。或许同样常见的是，他可以这样而没有明显

---

① 关于系统讨论情境-陈述、陈述-陈述和陈述-情境齐一性在其关乎对象语言和元语言时的相互联系，参见 *SPR* 第 11 章。

的荒谬之处，因为他同时将印象视为好像它们是**知道**（knowings），例如**看到 that-p**（seeings that-p）。得到关于一个红的对象的印象，就是看到一个红项在视域的某一位置。相比之下，得到一个关于一个红项的"观念"，就是**想到**，而非**看到**，虽然得到一个"生动观念"就是**相信**某一事态存在，而非**纯粹想到**。

100. 因此，休谟的术语确实使他能在一定程度上确切说明重要的差异。而且，通过提醒你们注意某些典型学说，我或许能为我想建议的看法打下基础。不过，我想要你们考虑的休谟是这样一个休谟，即他相信我们的"感知"是公共时空世界中的事态的"相像"。比如，关于闪电的"印象"是一道闪电发生的"相像"，关于雷声的"印象"是一阵雷声发生的"相像"。当然，在休谟看来，相关的相像合并了感觉之于其外因的"相像"（不管怎么来理解）和我们试图阐明的在基础**思想动作**或（用我们将要使用的手段来讲）基础语言书写和自然事件之间的"相像"。

101. 现在，休谟非常重视这个主题，即关系可感知自然事件的**齐一性**往往反映在我们的闪电-雷声序列的"观念"的**齐一性**中，例如，闪电观念-雷声观念的序列。而且，当然，他说后一序列的一个实例（其中在先的闪电"感知"是"印象"或"生动观念"）是一个终于一个关于雷声的信念的推论。休谟对推论的描述和他对印象和观念的描述一样是混乱的和贫乏的，这点我将不详述。我关注的毋宁是这个事实，即通过聚焦这个其中的推论其实具有形式

现在闪电。

因此，马上雷声。

的实例，他掩盖了在思想动作的日期和思想关于的闪电和雷声的日期之间的差异。当然，这并非无关于这个事实，即休谟发现很难解释一个现时观念对一个在先事件的指称。

102. 不过，不管他的论证有什么缺点，休谟确切地指出了一个根本真理，这一真理虽不时地被他的继任者瞥见，却始终被经典真之对应论

的其他成分所淹没。用相当接近他自己的术语来讲,休谟看到的是"自然推论"补充"回忆"和"观察"产生一个不断增长的"生动观念"系统,它形成我们生活的世界的(尽管可能是粗略的)"相像"。

103. 另一方面,因为没能确切说明他称为的"观念"的命题形式,而且没能明确考虑这个事实,即这些命题观念的"主词"靠其处于的时空关系变成个体,所以(我们看到)他不能明确描述下述推论的不同:

  现在闪电。   昨天上午 10 点闪电。

  因此,马上雷声。 和 因此,昨天 10 点 01 分雷声。

休谟模糊了思想和意象的差异,这准许他假定自然推论不仅**作为推论**是连续的,而且必须有关连续的事件。这排除了推论:

  此地昨天上午 10 点烟。

  因此,此地昨天上午 10 点火。

和(当然)

  现在雷声。

  因此,刚才闪电。

显然,休谟的自然推论理论得扩展到涵盖这些实例。

104. 同样,在阐述他的形式的经典学说——心灵靠含有其"相像"认识世界——时,休谟没有细心阐明就假定,关于"对象"配置的"感知"是"感知"配置。这条原则,尽管核心是可靠的,但当"感知"是在"感觉或意象"的意义上时,就涉及太多的困难。当"感知"是在**命题思想动作**这个截然不同的意义上时,它提出更多的问题。不过,它是休谟将心灵理解为通过观察、回忆和自然推论来建立一个(图式)描画其(包括自身的)世界的"生动观念"系统的核心。因为这个系统(它时刻实存)通过与之"相像"的"观念"来表示事件,通过"像"相应"观念"之间的事实关系来表示事件之间的事实关系。

105. 当然,我们的问题是,如果重视"观念"的命题特征;那就是说,如果我们要维护休谟论点的根本,同时避免他的错误,即认为"观念"是复制品意义上的相像,那么怎么理解这个"相像"。这个根本认为,基本思想与其描画的对象之间的"相像"可用事实语言定义为两个对象系统(每个都属于自然次序)之间的相像或对应或同构。

106. 我们的前一讨论可以得到什么事实关系?首先,有齐一性或恒常连合牵涉语言和环境在观察情境中的联系。这里的关键是认为这些齐一性就是用**陈述**而非指称表达式来回应对象,比如用"This here now is green"来回应一个绿的对象。尽管从一个更精辟的视角看这个陈述是指称表达式,但是这个观点不变①。

107. 因此,我们来假定,观察报告具有由

This here now is green

(译作:这个此地此时是绿的)

This is one step to the right of that

(译作:这个在那个的右边一步)

This is one heartbeat after that

(译作:这个在那个的一次心跳之后)

说明的形式,而且我们来想象一位超级书写者,他靠在蜡上书写陈述来"言说",而且能以难以置信的速度书写,即"一下子"书写无穷多。不过,一定不能忘记,他是一位书写者,也是一位思想者,他想的思想要比他通过书写表达的多得多。

108. 现在,每当这位书写者看到在他面前的某一对象是绿的或在另一个的右边(或左边)一步,或者经验到一个事件在另一个的一次心跳之后,他作出相应的书写。我们也得想象(我们其实已然如此),这位书写者有一个用步长和心跳来计量的坐标系统,而且他知道怎么测量和计数。而且,我们将假定,他使用一种"坐标语言",其中名称是有序数组,

---

① 这个诱惑,即认为相关的报告是指称表达式"this"和"green"的配置,导致过于简单地理解作为复杂自然语言对象的陈述描画世界中的对象的方式。这个过于简单的理解(参见贝格曼)连着就共相而言的柏拉图实在论。关于这点的阐明,参见 SPR 第 7 章。

三个代表空间,一个代表时间,根据测量来赋予事件。我们来进一步假定,这位书写者以相隔一次心跳的正确顺序不断写下具有形式

  1＝now

  2＝now

  3＝now

  ……

  (译作：1＝此时

     2＝此时

     3＝此时

     ……)

的陈述,而且不断写下具有形式

  /x, y, z/＝here

  (译作：/x, y, z/＝此地)

的陈述,在这里"x"或"y"或"z"的值以一个由序列

  /2,5,9/＝此地 向 z_+ 方向迈步,

  /2,5,10/＝此地

说明的方式改变。这些书写,它们表达这位书写者关于何地何时的觉知,牵涉下述这种齐一性。这位书写者观察一个就在他面前的绿的对象。他写下

  This here now is green /2,5,9/＝here   4＝now

  (译作：这个此地此时是绿的 /2,5,9/＝此地   4＝此时)

继而写下

  …/2,5,9;4/is green   /2,5,9/＝here   5＝now

  (译作：……/2,5,9;4/是绿的 /2,5,9/＝此地   5＝此时)

大致地讲,他从一个"这个此地此时陈述"到一个其中一个坐标名称指称相关事件的陈述。

  109. 我们现在来假定,每当一个"这个此地此时"陈述被这样变换,

这位书写者在所有后续时刻继续写下这个结果。他的书写是累积的。

110. 另一假定：这位书写者以一个对应依照组成它们的数值来对出现于其中的名称排序的顺序做其书写。简而言之，我们来假定，他的空间只有一维，因此名称具有形式"/s;t/"，这条顺序原则是以"s"的值的顺序写下所有涉及"t"的给定值的语句，比如：

　　…/9，t/is green　　　　/10，t/is blue

　　（译作：……/9，t/是绿的　　/10，t/是蓝的）

只有在涉及"t"的那个值的全部书写写下之后，才会继续写下涉及"t"的下一个值的书写，比如：

　　…/101,10/is red　　　　/9,11/is blue。

　　（译作：……/101,10/是红的　　/9,11/是蓝的。）

111. 如果我们补充说，这位书写者不使用定义缩写来书写数字，因此名称具有形式

　　/O'''', O'''''/

那么我们就看到，书写的多样会反映将（从外部讲）我们知道由书写指称的事件分割开的**心跳**和**步长**的多样。

112. 我们至此考虑了（至少）一些反映牵涉关于事实的观察和记忆的概念过程的齐一性。下一步是考虑这个事实，即我们的书写者在完全的意义上是一个理性存在。因为，在我们给予他的丰富内在生活（他作出的书写只对其作出了部分表达）中，有大量的归纳知识。而且，没有这些归纳知识，就不会有我们的世界图画向已有观察和记忆之外的理性延伸。我们来想象，不管我们靠一个归纳概括来从一种已观察事件的发生推论另一种未观察事件的发生用的推理是什么形式，它都在书写层级由两个书写构成的序列表达，前者描述已观察的事件，后者描述推论出的事件。而且，就像观察的情况一样，我们来假定，一旦后一书写被写下，它就继续被写下。

113. 在试着从这个勤劳超级书写者的故事得出任何寓意之前，我

来提醒你们,具有形式

/x, y, z; t/is green

(译作:/x, y, z; t/是绿的)

的书写一定不能理解为牵涉两个名称,即"/x, y, z; t/"和"green"。这整个书写"/x, y, z; t/is green"要**被理解为**书写这**一个**名称"/x, y, z; t/"的**一个方式**。同样,更直观地讲,已知上述对基本书写的排布和重排的描述,两个名称靠以某一顺序出现形成一个二元关系陈述,大意是,被命名的对象相互之间处于某一时空关系。

114. 不过,不管还可能会给上述补充什么精妙之处来使之奏效,都会出现一个异议来反对这整个事业。因为,可能会说,即使使之奏效,它也不能起我想要它起的作用。因为,当然,我至多指出一个自然语言对象结构可能会怎么靠某些"投影规则"对应一个非语言对象结构。不过,说语言对象杂多**正确**描画非语言对象杂多,不再是认为它们只是"自然语言对象"——用你的语言来讲——而是认为它们是真正的语言对象,而且说它们为**真**。因此,你的"对应"就是又回到了真,并非找到一个**真之处**的"对应"方式伴随就经验陈述而言的真。

115. 所以,我答复这个异议,说一个语言对象以上述描述的方式**正确**描画一个非语言对象,并不是说这个语言对象为**真**,除了在"真"的那个隐喻意义上,即在这个意义上,一个几何图形,如果它是通过正确按照适当投影方法绘制的,那么可以说是另一个的"真"投影。

116. 如果异议是,说一个语言结构是一个**正确的**投影,就是使用规范语言,因此违背了这个要将"描画"定义为**物性关系**的问题的条款,那么回答是,虽然说一个投影它是**正确的**的确就是使用规范语言,但是这条(记住)我在当作公理的原则向我们保证,每一条被支持的正确性原则在执行中都有一个事实齐一性与之对应。而且,就是这样的将自然语言对象相互连接以及连接它们作为其语言投影的对象的齐一性,使描画成为一个在自然次序对象间的事实关系。

117. 而且,确切地讲,在我看来,已知我们一直在做的假定,我们的理想书写者展示的事实齐一性对应"投影规则",一个书写串据此可以被当作这位书写者一直在漫步、观察和推论的时空区域的一个投影。

……[塞拉斯没加进来的材料]

118. 我们看到,虽然**所有**真陈述,不管什么种类,都在"真"的相同意义上为真,但是不同种类陈述的角色是不同的;比如"2 加 2 等于 4"的角色不同于"这是红的"的角色。我的论证是,就事实陈述(和归根结底它们表达的思想动作)而言,这个角色是在语言使用者中形成一个其生活的世界的投影。

119. 因此,虽然说

That/9,7/is green is true

(译作:/9,7/是绿的为真)

并非是**说**"/9,7/is green"的殊型作为自然语言对象以由某些投影规则定义的方式对应对象/9,7/,而且在一个适当意义上是其图画,但是这**蕴涵**它这样对应。因为,承诺

That/9,7/is green is true

(译作:/9,7/是绿的为真)

就是承诺

/9,7/is green,

(译作:/9,7/是绿的,)

而且,如果理解一种语言需要知道(尽管不是在哲学反思的层级)像完美书写者神话中描述的齐一性牵涉语言的使用,并且(因此)如果我承认(尽管不是在哲学反思的层级),就扮演角色和符合规则的范围而言,陈述是一个描画自然事件的系统中的复杂对象,那么当然我得承认在我的陈述中"/9,7/is green"是对象/9,7/的投影。

120. 完备的投影实存在**思想动作**而非陈述的层级,这个主题的探讨会要求完备的心灵哲学。

与迈克尔·洛克斯的通信

1978 年 6 月 23 日①
印第安纳州,圣母
圣母大学,哲学系
迈克尔·洛克斯(教授)
邮编:46556

亲爱的迈克:

1. 我一直在读皮特书里的证明,琢磨着很多有趣的由我的朋友和批评者们提出的问题和指出的困难。我刚才一直在重读你关于我的抽象实体理论的非常出色的文章。因为这个理论是"系统"必不可少的一部分,所以若它彻底错了,我就真的陷入了困境。你的文章直击要害,要求作出答复。我至少得很好地避开一些更有力的打击以维持这个理论,并准备进入论证的下一阶段。我们会看到的。

2. 为了便于论证,我将限定于这个理论本身。因此,我将像量化理论和实数分析这样的话题推迟到别的地方。这些本身是复杂的问题,任何关于抽象实体的理论都得探讨它们,尽管我的理论很可能对它们尤其敏感。而且,我将不以你提出这些问题的顺序来处理它们。毕竟,你的目的是评价这个理论也是解释它,因此你常常提出困难来自己回答它

---

① 这封信是对洛克斯的《规则、角色与存在论承诺:考察塞拉斯对抽象指称的分析》的答复,载于约瑟夫·C. 皮特编辑的《威尔弗里德·塞拉斯的哲学:问询与拓展》(Dordrecht-Holland, 1978)。

们,以此来展示它的力量和复杂。只有当你发现困难却无法回答时我才必须介入。

3. 这时是在第 244 页,你写道:

> 虽然抽象单数词项可能表示抽象单数指称的典型载体,但是它们不穷尽我们"指称"所谓的抽象实体的语言资源。限定描述词也发挥着看起来是抽象单数指称手段的功能,而且没有哪种唯名论理论可以声称是尽如人意的,除非它在抽象指称的明显载体是限定描述词时有资源来描述语句。

这当然没错,而且用来引入你的文章最后更为批判的部分关注的问题。不过,有趣的是指出,即使在引入这个一般主题之后,你发觉自己能在这理论中找到资源来建构对它产生的初始困难的看似合理的答复。

4. 你开始于将

(11) The color exemplifed by Amy Carter's ball is a property

[译作:(11) 艾米·卡特的球例示的颜色是特性]

转写为这个理论的语言的问题。由此你先提出

(11 - b) The color-predicate which is truly predicable of Amy Carter's ball is an adjective

[译作:(11 - b)真正可称谓艾米·卡特的球的颜色谓词是形容词]

再提出更形式的

(11 - c) ($\exists$ PRECON$_i$)[(PRECON$_j$)(PRECON$_j$ = PRECON$_i$.$\equiv$. PRECON$_j$ is a color predicate truly predicable of Amy Carter's ball) and PRECON$_i$ is an adjective].

(译作:(11 - c)($\exists$ PRECON$_i$)[(PRECON$_j$)(PRECON$_j$ = PRECON$_i$.$\equiv$.PRECON$_j$ 是真正可称谓艾米·卡特的球的颜色谓词)且 PRECON$_i$ 是形容词]。)

尽管(11-c)的一些特征明显有问题,但是上述序列表明这个理论至少可以看似合理地开始来描述使用限定描述词指称抽象实体的语句。不过,另一个例子导致(长远来看)你发现难以克服的困难。其中一些困难是(上文指出)我将推迟到以后的。不过,其他困难是这个理论特有的,我现在就来应对它们。这个例子,出现在第247页最下面,是下述:

(13) The attribute most frequently ascribed to Alcibiades is a property。

[译作:(13)最常归于亚西比德的属性是特性。]
你在你对这个例子的讨论中首先指出,如果(正如艾米·卡特的例子表明的)我们首先将(13)理解为等值于

(13-a) The predicate-term most frequently predicated of Alcibiades is an adjective,

[译作:(13-a)最常称谓亚西比德的谓词词项是形容词,]
那么我们面临这个事实,即

尽管将背叛归于亚西比德的最常见方式是称谓他"treacherous",但是还有其他方式。例如,我们可以说他例示雅典人觉得最令人憎恶的属性。不过,那样的话,结果可能是,虽然背叛是最常归于亚西比德的属性,但是别的谓词词项(比如一个像"soldier"一样的通名)更常称谓他……因此(13)可能会为……真而(13-b)可能……会为假

在这里(13-b)是

(13-b) $(\exists PC_i)[(PC_j)(PC_j = PC_i \equiv . PC_j$ is a predicate-term predicated of Alcibiades more frequently than any other predicate-term) and PC_i is an adjective],

(译作:(13-b) $(\exists PC_i)[(PC_j)(PC_j = PC_i \equiv . PC_j$ 是一个比任何其他谓词词项更常称谓亚西比德的谓词词项且 PC_i 是形容词],)
它是"更形式外表的"(13-a)。

5. 不过,这个理论承诺(13-a)是对(13)的重构吗?仅当归属一个

属性被理解为称谓之于这个属性就像"triangular"之于 triangularity 或 being triangular 的谓词词项。不过，显然，出于你在上文引用的段落中给出的理由，我们可以不使用 ·triangular· 来将 triangularity 归于一个对象，可以不使用 ·treacherous· 来将 treachery 归于亚西比德。由此推出，要使这个策略奏效，不使用 ·treacherous· 来称谓亚西比德 ·treacherous· 就得是可能的。这讲得通吗？依我看讲得通，而且通过区分两个可以说一个谓词词项称谓一个对象的方式可以达成这个欲想的结果。我来将这两个方式区分为分别是"直接的"和"间接的"。我将其图式化如下，在这里"t"是一个涉及表达式殊型的变项，"∈"表示"is a"，"⌒"表示串联：

PC_i 称谓 O，当且仅当

(1) (∃t) t∈PC_i ⌒ ·O·　［直接的］

或

(2) PC_i 是这样的 PC，即 PC 是 φ，且 (∃t) t∈ ·the PC such that PC is φ is true of O·［间接的］。

因为它没有回避讨论的问题，所以这个对象被认为由名称指称，"O"表示这个名称，"·O·"表示其加点引号的对应。满足这个方案的相关例子会是

·Treacherous· 称谓亚西比德，当且仅当

(1) (∃t) t∈ ·treacherous· ⌒ ·Alcibiades·

或

(2) ·treacherous· 是这样的 PC，即 PC 是 φ，且 (∃t) t∈ ·the PC such that PC is φ is true of Alcibiades· 。

析取肢(1)告诉我们，存在

·treacherous· ⌒ ·Alcibiades·

的一个殊型。我生成下面的殊型 t_1，即

Treacherous Alcibiades［Alcibiades is treacherous］。

(译作：背叛的亚西比德[亚西比德是背叛的]。)

析取肢(2)的第一条告诉我们，•treacherous• 是独一满足条件 ϕ(让其眼下处于图式形式)的谓词词项。(2)的第二条告诉我们，存在 •The PC such that PC is ϕ is true of Alcibiades• 的一个殊型。我生成下面的殊型 t_2，即

The PC such that PC is ϕ is true of Alcibiades。

(译作：这样的 PC，即 PC 是 ϕ，之于亚西比德为真。)

前一殊型 t_1 直接称谓亚西比德 •treacherous•；第二个殊型 t_2 "间接"如此。

6. 已知这个这样阐明的区分，我们可以给出下面对(13)的重构：

(13-c) 较之于存在直接或间接称谓亚西比德任何其他 PC 的殊型，存在更多的殊型要么直接要么间接称谓亚西比德 •treacherous•。

7. 现在，虽然你似乎没想到上述策略的可能，但是你走了并非无关的一步。我建议析取分析"PC 称谓 x"，而你考虑析取分析"x 是特性"的可能，即

x 是特性 $=_{df}$

要么(a) •y• 是形容词(在这里"x"是抽象单数词项且"y"是其具体对应)

要么(b)对于某个 z, x 等同 z 且 z 是(a)意义上的特性。

你对这个定义的反应是复杂的。你首先指出短语"等同(is identical with)"在分句(b)中的使用，并质疑这个理论就相同或等同的相关意义给出一个尽如人意的描述。你其实问：对

(15) The attribute most frequently ascribed to Alcibiades *is* treachery

(译作：(15)最常归于亚西比德的属性**是**背叛)

中的"is"的重构对应会是什么？这个问题显然准备就绪，正该它登上台前中心了。不过，你并非推进这个质疑，而是首先重述你先前对(13-b)的异议，从而它适用于你假定这个理论会给出的对(15)的重构，即

（15 - a) The predicate-term most frequently predicated of Alcibiades is ·treacherous· 。

（译作：(15 - a)最常称谓亚西比德的谓词词项是 ·treacherous· 。）你出乎意料地不小心说出"is"——（至少）眼下——并且说(15 - a)不能是对(15)的重构，因为，虽然(15)为真，但是(15 - a)可能为假。不过，如果我对"PC 称谓 x"的析取分析对路，那么这个论证就失败了，而且我们回到原地——带着这个（重要的）例外，即这个论证之前的质疑仍要探讨。

8. 究竟要怎么分析属性等同陈述？你指出，"需要的是对看起来将等同归于抽象实体的语句作出一般描述"（第 251 页）。此时，你受动于这个假设，即我仅有的策略是调用"塞拉斯式实质等值观念"，开始徒劳的追求。我在布莱克斯堡的即兴评论无疑有助于加固这个假设。我为了把握（我刚才面对的）你的亚西比德例子的确切效力而作出的出声地想不是特别成功，而且无疑是引人误解的。不管怎样，你完全正确地说，实质等值不会起这个作用。但这个建议并非完全没有价值，因为一个表面上相似的策略确实奏效。因此，值得较详尽地考察这个情境，因为这会为正确答案打下基础。

9. 实质等值是在对象语言中对应为真函项连结词"≡"的语义概念。比如，

·Socrates· ME ·the teacher of Plato·

具有

(PC)(PC ⌢ ·Socrates· is true≡PC ⌢ ·the teacher of Plato· is true)①

［译作：(PC)(PC ⌢ ·Socrates· 为真≡PC ⌢ ·the teacher of

---

① 这等值于

(PC)(PC is true of Socrates≡PC is true of the teacher of Plato)。

［译作：(PC)(PC 之于苏格拉底为真≡PC 之于柏拉图的老师为真。)］

不过，讲明这个等值会要求详尽讨论语境"true of"。这个讨论会表明（参见你在第 252 页的评论），"·Socrates· ME ·the teacher of Plato·"可以是"Socrates = the teacher of Plato"的语义对应，仅当苏格拉底指代苏格拉底从而有一个指代。

Plato・为真)]

的意义,它对应

  Socrates = the teacher of Plato,

  (译作:苏格拉底＝柏拉图的老师,)

在这里,依照莱布尼茨-罗素对个体等同的定义,后者要被理解为

  (f)f(Socrates)≡f(the teacher of Plato)。

  [译作:(f)f(苏格拉底)≡f(柏拉图的老师)。]

我在一些地方——最近是在我的《答复蒯因》(*EPH* 第 171 页脚注 16)——指出,写

  Socrates≡the teacher of Plato

  (译作:苏格拉底≡柏拉图的老师)

会在哲学上更清晰,因为这会强调相关的等同既不被理解为关系**谓词**,亦不被理解为用来定义它的为真函项连结词("≡")。

  10. 同样

  (2) ・featherless biped・ME・rational animal・

首先近乎具有

  (x)・featherless biped・is true of x≡・rational animal・is true of x

  [译作:(x)・featherless biped・之于 x 为真≡・rational animal・之于 x 为真]

的意义,从而对应

  (2-a) featherless biped ＝ rational animal,

  [译作:(2-a) 无羽两足的＝理性动物,]

在这里,这被理解为定义等值于

  (2-b) (x)x is a featherless biped≡x is a rational animal。

  [译作:(2-b) (x)x 是无羽两足的≡x 是理性动物。]

这里,为了强调表达式"featherless biped"和"rational animal"当它们出现在一个定义等值于(2-b)的语境中时的谓述特征,将(2-a)写作

(2-c) featherless biped≡rational animal

(译作:(2-c) 无羽两足的≡理性动物)

会是哲学上清晰的。**这样理解**,(2-a)要细心区分于

(2-d) FB=RA,

在这里,在等号两侧的表达式在发挥类别"名称"的功能。后者是各种各样的抽象实体,而且本身要求塞拉斯式的处理。确切地讲,这样理解的(2-d)属于语义元语言,首先近乎具有(2)的意义。

11. 因此,关键是不要混淆(2)和其对象语言对应——(2-a)、(2-b)和(2-c)——或其元语言**近亲**

(3) •featherless biped• ≡ •rational animal•

当然,它为假,因为它言表什么是 •featherless biped• (的殊型)当且仅当它是 •rational animal• (的殊型),即

(3-a) (x)x is a •featherless biped• ≡ x is a •rational animal•。

〔译作:(3-a)(x)x 是 •featherless biped• ≡ x 是 •rational animal•。〕

12. 在将实质等值概念联系现有问题时,你建议我们寻找一个具有形式

•treachery• ME ...

的陈述。而且,的确,乍一看这似乎是自然要走出的一步,因为任务是重构

Treachery is ...①。

---

① 但这个事实表明有什么错了:
  •Socrates• ME •the teacher of Plato•
不重构(尽管它逻辑等值于)
  Socrates *is* the teacher of Plato,
  (译作:苏格拉底**是**柏拉图的老师,)
而且
  •Snow is white• is true
  (译作:•Snow is white• 为真)
也**不重构**
  Snow is white。
  (译作:雪是白的。)

你给出

（15 - b） ·treachery· ME ·the attribute most frequently ascribed to Alcibiades· 。

依照（上文给出的）对"·Socrates· ME ·the teacher of Plato·"的分析，这会告诉我们（使用"the A-attribute"来缩写"the attribute most frequently ascribed to Alcibiades"）

(PC)(PC ⌢ ·treachery· is true≡PC ⌢ ·the A-attribute· is true)

［译作：(PC)(PC ⌢ ·treachery· 为真≡PC ⌢ ·the A-attribute· 为真)］

它会是

(f)f(treachery)≡f(the A-attribute)

［译作：(f)f(背叛)≡f(A 属性)］

从而是

treachery＝A-attribute

（译作：背叛＝A 属性）

的更高层级的对应。不过，这没有推进我们的问题，因为，虽然它（正确地）告诉我们，(15 - b)为真当且仅当背叛是 A 属性，但是它要求(15 - b)处于一个比我们在试着重构的陈述(15)高一级的语义层级。你指出，它也要求(15)的"treachery"有一个不同于"treachery"当其出现在

(17) Quine abhors treachery

［译作：(17) 蒯因憎恶背叛］

和（最具破坏性的是）当其出现在

(18) Treachery is a property

［译作：(18) 背叛是特性］

中时的意义。你通过指出"(15)(17)和(18)合取衍推

(19) A property Quine abhors is the attribute most frequently ascribed to Alcibiades

[译作：(19) 蒯因憎恶的一个特性是最常归于亚西比德的属性]并且这个衍推会看起来预设'treachery'在(15)(17)和(18)的每一个中都是单数表达式"(第252页)来整合后面这些考虑。

13. 现在,这一切明显表明(就像上文第12段的脚注暗示的),如果实质等值概念要有帮助,那么它该用于下面一个层级。因此,我们不该看以

•treachery • ME ...

开头的陈述,这个开头(你指出)当依照这个理论进行语法分析时就变成加双点引号的

•The • treacherous • • ME ... ,

其更高层级的身份是明确的,或许该尝试

•Treacherous • ME ... 。

怎么看

(15‑d) •Treacherous • ME the PC such that PC is most frequently predicated of A?

[译作：(15‑d) •treacherous • ME 这样的 PC,即 PC 最常称谓 A?]

如果我们按照关于前文给出的对" •featherless biped • ME •rational animal • "的描述的原则,那么(15‑d)会告诉我们

(x) •treacherous • is true of x≡ the PC such that PC is most freqently predicated of Alcibiades is true of x。

[译作：(x) •treacherous • 之于 x 为真≡这样的 PC,即 PC 最常称谓亚西比德,之于 x 为真。]

确实如此,而且乍一看它解答了我们的问题。不过可能会有一个极强的异议。因为,假如为真的是

(x)x is treacherous≡x is a psychopath,

[译作：(x)x 是背叛的≡x 是精神变态者,

那么也会为真的是

(x)·treacherous·is true of x≡·psychopath·is true of x,

[译作:(x)·treacherous·之于 x 为真≡·psychopath·之于 x 为真,]

从而

(x)·psychopath·is true of x≡the PC such that PC is most frequently predicated of Alcibiades is true of x,

[译作:(x)·psychopath·之于 x 为真≡这样的 PC,即 PC 最常称谓亚西比德,之于 x 为真,]

依照拟议的分析,它会衍推为假的

The attribute most frequently ascribed to Alcibiades is being a psychopath.

(译作:最常归于亚西比德的属性是是精神变态者。)

14. 我们显然需要一个比加点引号的分类词之间的实质等值更强的关系。另一方面,不能像你一样当即认为错在运用外延语境。你写道,"当然,困难在于实质等值是外延观念,因此不足以用来阐明适用属性的等同概念。"(第253页)。因为将内涵语境看作元语言外延语境的实质对应是塞拉斯式策略**必不可少**的一部分。内涵实体和内涵语境的问题就像蒯因认为的一样不可分离。塞拉斯式的"唯名论者"得是塞拉斯式的"外延论者"。(不过,结果会是,陈述逻辑的塞拉斯式的"外延论者"通过从其查出截然不同的一种差异维护了"外延"-"内涵"二元论的核心。)

15. 你写道:

为何·Socrates·与·the teacher of Plato·有共同外延,以及为何·the·treacherous··与·the attribute most frequently ascribed to Alcibiades·有共同外延? 就是因为苏格拉底**是**柏拉图的老师,背叛**是**最常归于亚西比德的属性。那么,一直靠(不管怎么

加固的)实质等值这个元语言权宜手段来谈论定义等同是执迷不悟;本·末·倒置了。(第253页)

这个简洁讲述的质疑摊牌了。不过,它也暴露了一个基本误解。我**不是**"**一直**"靠实质等值"定义等同"。那混淆了各个语义层级。我就接受莱布尼茨-罗素用谓词量化和连结词"当且仅当"来定义个体的等同。陈述

　　·Socrates · ME ·the teacher of Plato·

逻辑等值于**但不同义于**

　　Socrates = the teacher of Plato。

　　(译作:苏格拉底 = 柏拉图的老师。)

后者是对象语言外延语境,具有

　　(f)f(Socrates)≡f(the teacher of Plato)

　　[译作:(f)f(苏格拉底)≡f(柏拉图的老师)]

的意义。

16. 我们能否仅限于外延语境,但找到一个比实质等值更强的元语言分类词间的关系？回答的初始线索在于

　　(24) ·f · ME ·g·

和

　　(25) ·f · ≡ ·g·

的差别,在这里后一人工表达式具有形式

　　(26) $K_1 \equiv K_2$,

在这里这根据定义等值于

　　(27) (x)x is a $K_1 \equiv$ x is a K_2。

　　[译作:(27) (x)x 是 $K_1 \equiv$ x 是 K_2。]

要注意,依照这个阐明,(25)告诉我们一切是 ·f· 的殊型的是 ·g· 的殊型,反之亦然。这是我们在寻找相关的相同时我们在找的谓词常项间的更强关系吗？好,它显然比实质等值更强,但它会起作用吗？

17. 怎么看作为对(15)的重构的

(15-e) •treacherous• ≡ the PC such that PC is most frequently predicated of Alcibiades?

〔译作：(15-e) •treacherous• ≡ 这样的 PC，即 PC 最常称谓亚西比德？〕

我们不能用"="（即"相同于"）取代"≡"吗，就像我们就

　　Socrates≡the teacher of Plato

（译作：苏格拉底≡柏拉图的老师）

而言所做的一样？那样我们就会将

(15-f) The •treacherous• = the PC such that PC is most frequently predicated of A

〔译作：(15-f) •treacherous• = 这样的 PC，即 PC 最常称谓 A〕

作为我们对(15)的分析。遗憾的是，又有一个明显异议。它首先提醒我们之于无物为真的谓词有共同外延。比如

　　centaur≡dragon。

（译作：半人马≡龙。）

由此类推，如果 •f• 和 •g• 未变成殊型，那么

　　(25) •f• ≡ •g•，

不管 •f• 和 •g• 是什么。从而，如果属性 f-ness 和 g-ness 的等同等同于 (25)，那么我们就得说两个从未用殊型表达〔比如 triangularity（being triangular）用 •triangular• 的殊型表达〕的属性会是"相同的"。（要注意，这全然不同于说任何两个未被例示的属性会是相同的）。

18. 这个异议可以正好推至如下。设"s"是加点引号的表达式代入的变项。我们能否说

　　(28) s_i is the same as s_j ≡ . s_i≡s_j?

〔译作：(28) s_i 相同于 s_j ≡ . s_i≡s_j?〕

如果，像我一样，我们将"s"称为代表意义(senses)的变项，那么我们不是

得说所有未变成殊型的意义是相同的吗？似乎

$s_i \equiv s_j$

至多会是

$s_i = s_j$

的一个必要条件，而非充分条件。

19. 考虑这个理论面临的一个相关问题会有所帮助。它告诉我们，that 分句要被重构为由加点引号的语句生成的分配单数词项。比如，

that fa

被重构为

the •fa•。

现在，我们想想下述论证：

1. that fa is true ≡ the •fa• is true

         Expl. 'that'（解释"that"）

2. The •fa• is true ≡ •fa•s are true

         DST

3. •fa•s are true ≡ (t)t ∈ •fa• ⊃ t is true

         Formalization（形式化）

4. (t)t ∈ •fa• ⊃ t is true ≡ ¬(∃t)t ∈ •fa• & ¬(t is true)

         Theorem（定理）

5. ¬(∃t)t ∈ •fa• ⊃ ¬(∃t)t ∈ •fa• & ¬(t is true)

         Theorem（定理）

6. ¬(∃t)t ∈ •fa•

         Hyp.（假设）

7. ¬(∃t)t ∈ •fa• & ¬(t is true)

         5、6，MP（5、6 肯定前件假言推理）

8. (t)t ∈ •fa• ⊃ t is true

         7，logic（7 逻辑）

9. That fa is true

8,3,2,1

因为这论证十分一般,而且因为运算前提是6(它说•fa•没有殊型),所以我们表面上确立了这条原则

(II) ¬(∃t)t∈ II⊃II is true,

[译作:(II) ¬(∃t)t∈II⊃II 为真,]

在这里,"II"是代表命题意义的变项。

20. 不过,要注意,如果谓词"true"(根据这个理论就该)重构为"可语义断定的",那么这个论证失败了。因为,如果"可断定的"具有"**可能被断定**"的意义,那么前提 3 中有诡计。如果我们想想下述论证图式,那么这点就很明显了,在这里 φ 表示任意谓词。

1. Trepassers are φ ≡ (x)x∈T⊃φx

Formalization(形式化)

2. (x)x∈T⊃φx ≡ ¬(∃x)(x∈T & ¬φx)

Theorem(定理)

3. ¬(∃x)x∈T⊃¬(∃x)(x∈T & ¬φx)

Theorem(定理)

4. ¬(∃x)x∈T

Hyp.(假设)

5. ¬(∃x)(x∈T & ¬φx)

3,4,MP(3、4 肯定前件假言推理)

6. (x)x∈T⊃φx

2,5,MP(2、5 肯定前件假言推理)

7. Trespassers are φ

1,6

这里的论证仍十分一般,这次明显如此。因此,已知不存在擅闯者,我们表面上有资格推断

(ϕ) Trespassers are ϕ

例如，

Trespassers are bald

（译作：擅闯者是秃头）

Trespassers are longhaired。

（译作：擅闯者是长发。）

不过,怎么看

Trespassers are praiseworthy?

（译作：擅闯者是该赞扬的?）

Trespassers are blameworthy?

（译作：擅闯者是该责备的?）

或(到达问题的核心),

Trespassers are prosecutable

（译作：擅闯者是可起诉的）

即

Trespassers *may* be prosecuted?

（译作：擅闯者**可能被起诉**?）

这是一个(被过度忽视的)老朋友的近亲。显然不可以将上文步骤2当作(图式)表示

Trespassers are prosecutable

（译作：擅闯者是可起诉的）

的逻辑力量。对后者的清晰转写不会是

(x)x∈T⊃x is prosecutable,

［译作：(x)x∈T⊃x 是可起诉的,］

而是——至少首先近乎——

Permitted ((x)x∈T⊃x is prosecuted)

［译作：许可((x)x∈T⊃x 是被起诉的),］

它既不衍推

$\neg(\exists x)x\in T$

也不被其衍推。由此类推,"·fa·是可语义断定的"既不衍推"$\neg(\exists t)t\in$ ·fa·"也不被其衍推,原则

(II) $\neg(\exists t)t\in \Pi \supset \Pi$ is true

[译作:(II) $\neg(\exists t)t\in \Pi \supset \Pi$ 为真]

失败了。

21. 显然,上述推理的关键是区分"陈述的"和"规范的"语境。后者的根据是规则。这就是为何

f-ness = g-ness

比

·f· ≡ ·g·

更强,因为它不但告诉我们·f·的所有殊型是·g·的殊型(反之亦然),而且就在这个过程中告诉我们所有**符合**·f·的规则的书写也符合·g·的规则(反之亦然)。不这样符合的都不算作·f·或·g·的(首要意义上的)殊型。而且,就是规则确保了假如什么是·f·的殊型它就**会**是·g·的殊型。

22. 你在脚注30中写道:"塞拉斯想要断言,我们可以参照语言规则来具体说明属性的等同条件。比如,F-ness=G-ness为真,仅当·F·和·G·受制于完全相同的语言规则。"你反对说:"对等同条件的这个描述仅对其中我们将抽象单数词项用作我们选定属性的手段的语句奏效。"你说"奏效"的意思似乎是"可以有效用于确定具体的等同"。当然,确实我可以确定两个属性等同,仅当我知道相关谓词常项的规则,并且可以表明它们是相同的。不过,这绝不衍推泛泛提及规则的相同不能阐明属性等同的概念。我当然可以提及我没有准备的规则。比如,我可以说,对于所有 s_i 和 s_j,

$s_i = s_j$

当且仅当 s_i 和 s_j 是在一个由一组规则具体说明的角色系统中占据相同位置的角色。当然，就

rapidity＝quickness

（译作：迅速＝快速）

即

The •rapid•＝the •quick•

而言，我实际上可以通过复述我们对 •rapid• 和 •quick• 的使用来确定相关的规则，当然，我对于未具体说明的 s_i 和 s_j 不能这样。

23. 两点题外话。首先，你对沃尔特斯托夫批判我的分配单数词项概念的评论（第240—241页）正中要点。每当我遇到这个批判，我就采取相同的路线，我在《抽象实体》的原初描述中对此作出预示。其次，我困惑你在第242页的困惑，那里你评论了我的"承认"，即我"支持像功能、角色、规则和棋子这样的奇异抽象实体"。不过，当然，我在你引用的段落中说的只是，代表这些实体的抽象单数词项要用和用于处理"triangularity"一样的策略来处理。至于属于这些范畴的抽象实体的具体本性，我采取的路线根本上是你在第243页想到的。我还能怎样？

24. 我该结束这篇论你的论文的长文了，并非因为我已终结所有你提出的问题——我没有——而是因为要再谈我就得谈更多更多，或许比我现在知道怎么说的还要多。不过，我来表达这个希望，即我已谈的清除了误解的一些来源，或许为进一步交换看法铺平道路，这可能会使我们更接近迷宫的出口。抽象实体的问题是很多问题的合一，要解决它就得有一种完备的形而上学。对此，一封信是不够的。我已经逃避了（"推迟了"）你提出的一些更大的问题。或许还有一些更小的（但策略的）困难妨碍这个理论。确切地讲，或许这封信的论证在我没有注意到的方面有瑕疵。欢迎你畅所欲言。

诚挚的，

威尔弗里德·塞拉斯

1978 年 10 月 6 日

宾夕法尼亚州，匹兹堡

匹兹堡大学，哲学系

威尔弗里德·塞拉斯（教授）

邮编：15260

亲爱的威尔弗里德：

25. 你的信极其有助于阐明一些问题。首先，我困惑你在直接和间接谓述之间的区分。我就是不能紧扣第 5 段式子中变项的适当代入项；但是在一些反思之后，我看到了这一区分的效力；我赞同，它是我对是特性的析取分析的元语言近亲。我也赞同，如果任一描述可以补充一个对表达属性等同的语句（包括其中"＝"两侧是限定描述词的那些）的一般描述，那么你会对我的反例引起的困难作出一个尽如人意的回应。我还赞同 7—17 段的基本要点。

26. 在我谈我认为的你对相关等同语句的最终描述之前，我来阐明一点。我不是想归给你这个看法，即具有形式"·x·ME·y·"的语句定义具有形式"x＝y"的语句。我的最后一个脚注指出，我在提出一个步骤，为抽象词项的塞拉斯式处理作辩护的人（但显然不是《科学与形而上学》的塞拉斯）可能会调用其来避免我对于(15)的困难。

27. 你想要提出的描述在第 17 段的(15 - e)形式化；至少我这样来解读你的评论。我对于(15 - e)有一些问题。第一个可能只是一个小问题；你的阐明很可能会消除它。这个困难在于，我不明白怎么解读对(15 - e)的重构，它会具有形式

(x)(x is a ·treacherous· ≡ ...)。

［译作：(x)(x 是 ·treacherous· ≡ ...)。］

28. 我不确定的是这个双条件句的右手边。我们怎么解读？显然"x"的代入项得是 ·treacherous· 的殊型的名称；但是那样我们就不能

将这个双条件句的右手边解读为"x is the PC such that …",因为没有殊型是最常归于亚西比德的谓词常项;不过我们也不能说"x is a token of the PC …",因为那样我们就受困于 DST 策略将不(至少看不出来)能消除的普型-殊型区分。

29. 我对于(15 - e),一般来讲,18—22 段概述的处理属性等同的策略的第二个问题有关你非常透彻看出的问题,即未变成殊型的语言普型的问题。你试着诉求一个类比来处理这个困难。我想我明白这个类比怎么奏效。至少,我想我明白关于"true"的规范效力的观点,而且我想我理解你想要怎么将"true"的寓意普遍用于点引语的情况。(第 22 段表达的)想法是,点引语将我们带入关于规则、规范、符合等的谈论,因此有一种虚拟的或模态的味道隐含在具有形式

•g• ≡ •f•

的断言中;你想要提出,结果是未变成殊型的语言普型根据你的描述并非全会是等同的。

30. 现在,这可能只是我的一个盲点;不过,我不明白点引语的相关的规范味道怎么有你断言它具有的结果。即使是 •f• 和是 •g• 确实涉及符合规则,难道不还是这样,即当我们有两个未变成殊型的语言普型,一切是一个的殊型当且仅当它是另一个的殊型?或者,换言之,难道不还是这样,即无法否认它是一个普型的殊型当且仅当它是另一个的殊型?这个普遍量词和这个双条件句在这里和别处一样都是外延的,而且,我认为,就是这个要求产生了你想要避免的结果。

31. 或许,一个例子(它可能不是非常恰当,但是不管怎样这里继续)会有帮助。假如我们有两个截然不同的行动,即 A 和 A¹,没人曾执行过。或许,社会对 A 和 A¹ 的约束既强力又成功。现在,**是 A** 的概念和**是 A¹** 的概念和我们可以想要的一样是牵涉规则的;执行 A,我们**得**……而执行 A¹,我们**得**……;不过,不管这里涉及的符合规则,这个假设,即不存在 A 或 A¹ 的例证,(我认为)致使

(x)(x is an instance of A≡x is an instance of A¹)

［译作：(x)(x 是 A 的例证≡x 是 A¹ 的例证)］

为真。我认为，在我们的 A 和 A¹ 观念中的规范性成分就不改变这个普遍双条件句的彻底外延性。

32. 当然，我们可以通过模态化 •g•≡•f• 来避免对于未变成殊型的普型的问题，从而它要被理解为

Necessarily，(x)(x is a •g•≡x is an •f•)

［译作：必然地，(x)(x 是 •g•≡x 是 •f•)］

不过，显然，像你一样(想要用语言规则来解释模态)的哲学家不会想要在描述中作出那个改变。

33. 这里的另一可能步骤是，就一位全知的语言使用者的殊型动作而言，使 •g•≡•f• 牵涉量化；不过，这里要调用全知的语言，我想你就得面对我在我对你的量化理论的讨论中指向的其他困难。

34. 不管怎样，那些就是我的问题。它们很可能是由于误解；不过即使它们是这样，我也很感兴趣你对我对你……的反思的反思。毕竟，这是一个古老的辩论；如果你不能说服我，那么我们可以辩论别的——不管我们是不是理想的探究者，也不管皮尔士对真的定义是否为真！

真诚的

迈克尔·J·洛克斯

1978 年 11 月 6 日

印第安纳州,圣母

圣母大学,哲学系

迈克尔·洛克斯(教授)

邮编:46556

亲爱的迈克:

35. 谢谢快速答复我的信。它快速推进了讨论。

36. 首先你询问怎么解读(15 – e)。这很容易。你受其表层语法误导,没能考虑到这个事实,即"the PC such that PC is a"在发挥一个量化**谓述**表达式的功能。你对单数词项的柏拉图主义鉴别导致了你的困惑。它将你带向这个重构

(x)x $is\ a$ •treacherous• ≡x is the PC such that …

[译作:(x)x 是 •treacherous• ≡x 是这样的 PC,即……]

在这里,右手边的"is"语法分析为等同的"is"。你指出,结果是不融贯的。事实上,需要的是分类词谓述的"is a"——换言之,我的"$\in_1$",不同于集员的"$\in_2$"。[①]

37. 我来设计一个更简单的例子,它引起了相同的解释问题。想想

(1) Man≡a sort such that that sort is an animal[②]。

[译作:(1) 人≡这样一个分类,即那个分类是动物。]

对此,当我们阐明它牵涉的个体量化时,我们怎么解读?左手边没有问题

(x)x is a man≡…

[译作:(x)x 是人≡……]

---

① 因为我在这封信中不关注这个差异,所以我将用∈来表示"is a"。

② 我关注的基本陈述形式由"cows are animals"的分配单数词项版本"The cow is an animal"说明。

右手边呢？我们可能会忍不住尝试

≡x *is* a sort such that … 。

（译作：≡x 是这样一个分类，即……。）

不过,这会是一个错误；确切地讲,就是你犯下的那一个。要对路,我们得先重视这个想法,即如果会有一个融贯的解读,那么右手边也得具有形式

x *is a* [sortal predicate]。

（译作：x 是[分类词谓词]。）

而且,我们得记住,(1)的右手边的短语"a sort"是量化谓词变项,会符号表示为"(∃s)",即"for some s(对于某个 s)",在这里"s"是一个将分类词当作代入项的变项。这些要求被

(∃s) s⊂animal & x is an s

（译作：(∃s) s⊂动物 & x 是 s）

满足,我们可能会尝试将其用英语表达为

For some sort which is an animal, x is an *it*。

（译作：对于某个是动物的分类,x 是**那样**。）

我们从这个有利点可以看到,(1)的欲想符号表示是

(1-a)(∃s) s⊂animal & (x)x∈man≡x∈s。

[译作：(1-a)(∃s) s⊂动物&(x)x∈人≡x∈s。]

38. 事后想来,我们现在可以看到,如果我们试着通过引入"x is a …"来直接从(1)的右手边到它的深层逻辑形式,那么我们就会有混淆"is a"的"a"和"a sort"的"a"的危险。要避免这个情况,我们就不得不写

x is a(n) a sort such that … 。

（译作：x 是这样一个一个分类,即……。）

我指出的错误就在于将"is a"的"a"合并"a sort"的"a"。

39. 剩下要做的就只是将这些考虑用于(15-e)。如果我们做了,那么我们就得到

(15e-1)(∃PC) PC is most frequently predicated of Alcibiades &

(x)x∈ •treacherous• ≡x∈PC①。

［译作：（15e－1）（∃PC）PC 最常称谓亚西比德 &（x）x∈ •treacherous• ≡x∈PC。］

40. 现在,对于这个更困难的质疑,你写道：

……我不明白点引语的相关的规范味道怎么有你断言它具有的结果。即使是•f•和是•g•确实涉及符合规则,难道不还是这样,即当我们(确实)有两个未变成殊型的语言普型,一切是一个的殊型当且仅当它是另一个的殊型？

显然,回答是是的！不过,你的询问显明一个诡辩。我的论证企图表明的**并非**如果谓词"φ"和"ψ"有"规范味道",那么(用你的语言来讲)这"改变这个普遍双条件句

(x)x is a φ≡x is a ψ

(译作：(x)x 是 φ≡x 是 ψ)

的彻底外延性",强化了它,从而从这个事实,即 φ 和 ψ 为空,不会推出它的真。而是表明(你可以查看我的信的第 20—22 段)不可以认为

Trespassers are prosecutable

(译作：擅闯者是可起诉的)

具有(并非表面上具有)形式

(x)x is a T⊃x is prosecutable。

(译作：(x)x 是 T⊃x 是可起诉的。)

我说它首先近乎具有更深层的形式

Permitted [(x)x is a T⊃x is prosecuted]，

---

① 严格地讲,要抓住这个具体例子的限定描述词味道,我们应该能引入一个量词,它是第一次序量词"∃！x"——"对于某个独一的 x"——的第二次序对应。不过,我现在的阐明不必引入它,而且,这会引起所有关于我在这封信中关注的谓词常项的**相同**的问题。

（译作：许可［(x)x 是 T⊃x 是被起诉的］,）

我指出，它既不衍推

¬(∃x)x is a T,

（译作：¬(∃x)x 是 T,）

也不被其衍推。我写"首先近乎"，因为要将这点扩展到直观层级之外，我就得阐明我的实践推理理论，尤其是"将要(shall)"算符的理论。

41. 我现在明白我得这样来谈谈。想想语句

(1) All trespassers are prosecuted.

［译作：(1) 所有擅闯者被起诉。］

(2) Let all trespassers be prosecuted!

［译作：(2) 让所有擅闯者被起诉吧！］

(3) All trespassers ought to be prosecuted.

［译作：(3) 所有擅闯者应当被起诉。］

这些怎么关系？我将用黑尔的祈使话语理论之类的来回答这个问题。(1)具有形式"所有 A 是 B(all As are Bs)"，而且在我们看来可以表示为

(1a) (x)x is a T⊃x is prosecuted。

［译作：(1a) (x)x 是 T⊃x 被起诉。］

另一方面，(2)具有形式

(2a) Let ［(x)x is a T⊃x be prosecuted］!

［译作：(2a)让［(x)x 是 T⊃x 被起诉］！］

在这里，括号指出祈使算符的范围，而(3)具有形式

(3a) 'Let ［(x)x is a T⊃x be prosecuted］!' is valid,

［译作：(3a) "让［(x)x 是 T⊃x 被起诉］！"是有效的，］

在这里，"valid(有效的)"具有直观意指"就相关一类人而言是有约束力的"，我不会试着对此作出分析。我将假定相关的这类人是**我们**。

42. 考虑到这个框架，我们可以说——我还是直观地讲——(3a)衍推(2a)。而且(1a)既不衍推(2a)或(3a)，也不被其衍推。

43. 现在，想想一种永远不会被玩的游戏——我们来假定它是象棋。而且我们来引入词项"pawn（兵）"和"bishop（象）"来分别作为"object which has made or will make pawn-maneuvers（作出或会作出走兵的对象）"和"object which has made or will make bishop-maneuvers（作出或会作出走象的对象）"的简写。我们显然想要既能说

The pawn is not the same as the bishop，

（译作：兵不同于象。）

也能说

(x)x is a pawn≡x is a bishop。

（译作：(x)x 是兵≡x 是象。）

考虑到上述规定，后者为真。

44. 现在，一条莱布尼茨类型的原则告诉我们

(L) The K_i is the same as the K_j≡every context which is true of the K_i is true of the K_j。

〔译作：(L) K_i 相同于 K_j≡每一个之于 K_i 为真的语境之于 K_j 为真。〕

如果我们将这条原则用于空类的情况，那么我们会得到（例如）

The dragon is the same as the centaur。

（译作：龙相同于半人马。）

因为，如果一个具有形式

All ... are ϕ

（译作：所有……是 ϕ）

的语境当"dragons"取代"..."时为真，那么它当"centaurs"取代"..."时也会为真。

45. 此时，有人可能会不由得争议，"当然，一个外延逻辑学家也可以不但考虑到词项'dragon'和'centaur'的外延，而且考虑到塞拉斯式词项'·dragon·'和'·centaur·'（即被理解为元语言分类词的

'dragonkind'和'centaur-kind')的外延。"他们可能会本着一种古德曼式的精神继续说,"显然,后一些词项的外延不为空。如果我们将'•dragon•'和'•centaur•'的外延分别称为'dragon'和'centaur'的**次要外延**,那么我们不会要求

The dragon is the same as the centaur

(译作:龙相同于半人马)

为真,当且仅当'dragon'和'centaur'的主要**和次要**外延相符吗?因为次要外延不相符——因为有书写是•dragon•但不是•centaur•,**反之亦然**——所以上述陈述会为假。"

46. 很好。不过假定不存在这些元语言分类词的殊型:没有诸•dragon•也没有诸•centaur•。我们的外延论者会不会得承诺图式

K_i is the same as $K_j. \equiv . K_i \equiv K_j$ and $\dagger K_i \dagger \equiv \dagger K_j \dagger$

(译作:K_i 相同于 $K_j . \equiv . K_i \equiv K_j$ 且 $\dagger K_i \dagger \equiv \dagger K_j \dagger$)

这里加剑引号的表达式表示给"K_i"和"K_j"的代入项加点引号的结果?

47. 这将我带回我前一封信第 18 段推进的问题,我将其引用:

设"s"是加点引号的表达式代入的变项。我们能否说

(28) s_i is the same as $s_j \equiv . s_i \equiv s_j$?

〔译作:(28) s_i 相同于 $s_j \equiv . s_i \equiv s_j$?〕

这引入了未变成殊型的普型的话题。

48. 现在,我们已看到,莱布尼茨一样的原则(L)没有给我们我们想要的,即使在诉求次要外延来加固之后。有没有什么方式,我们可以摆脱这个困境,同时仍是好外延论者?

49. 想想下述对(L)的概括:

(L') The K_i is the same as the $K_j \equiv$ every context which *holds of* K_i *holds of* K_j

〔译作:(L') K_i 相同于 $K_j \equiv$ 每一个之于 K_i 成立的语境之于 K_j 成立〕

在这里,关键步骤是"holds of"替代"true of",后者是前者的具体实例。

有了这条新原则，我们来回到象棋的例子。立场如下。如果我们依赖于(L)，那么我们就承诺

The pawn is the same as the bishop。

（译作：兵相同于象。）

如果我们引入次要外延，那么，虽然这对兵-象的例子有帮助，就像它对龙-半人马的例子有帮助一样，但是，除了其感觉像在使用**权宜之计**，还留给我们关于未变成殊型的普型的相同的一般问题。

50. 我们的新原则(L')有帮助吗？回答是它有。我们来回到我们的擅闯者的例子，想想

(3a) 'Let [(x)x is a trespasser⊃x be prosecuted]!' is valid。

（译作：(3a) "让[(x)x 是擅闯者⊃x 被起诉]!"是有效的。）

我们以这样一个方式来引入表达式"holds of"，即

(4) 'Let [(x)x is a ---⊃x be prosecuted]!' holds of trespassers

（译作：(4) "让[(x)x 是___⊃x 被起诉]!"之于诸擅闯者成立）

逻辑等值于(3a)；一般来讲，即

(5) 'Let [(x)x is a K⊃x be φ'd]!' is valid

（译作：(5) "让[(x)x 是 K⊃x 被 φ]!"是有效的）

逻辑等值于

(6) 'Let [(x)x is a ---⊃x be φ'd]!' holds of Ks。

（译作：(6) "让[(x)x 是___⊃x 被 φ]!"之于诸 K 成立。）

我们现在如下将(L')用于我们的象棋例子：设"M_p"表示可接受的走兵的合取，每一个合取肢具体说明某些移动在什么条件下被许可。而且，设"M_b"表示相应的可接受的走象的合取。那么，尽管依照(L)

The pawn is the same as the bishop，

（译作：兵相同于象，）

因为没有诸兵也没有诸象，但是(L')告诉我们兵不相同于象，因为

'Let [(x)x is a ---⊃x be M_p'd]!' holds of pawns but not

of bishops

（译作："让[(x)x 是___⊃x 被 M_p]！"之于诸兵成立而非之于诸象）

而

'Let [(x)x is a ---⊃x be M_b'd]！' holds of bishops but not of pawns。

（译作："让[(x)x 是___⊃x 被 M_b]！"之于诸象成立而非之于诸兵。）

要注意，如果我们这样理解"规则"，即一个规则一样的表达式是一个具有形式

Let [(x)x is a K_i⊃x be M_i'd]！

（译作：让[(x)x 是 K_i⊃x 被 M_i]！）

的一般祈使句，而且一条规则是这种的一个有效的表达式，那么我们可以这样一个方式引入规则基体（rule-matrix）这个词项，即

Let [(x)x is a ---⊃x be M_i'd]！

（译作：让[(x)x 是___⊃x 被 M_i]！）

是一个之于（例如）诸 K_i 成立的规则基体，然后我们可以说

The K_i is *normatively* the same as the K_j

（译作：K_i 规范上相同于 K_j）

当且仅当

Every rule-matrix which holds of K_i holds of K_j and vice versa.

（译作：每一个之于 K_i 成立的规则基体之于 K_j 成立，反之亦然。）

51. 最后，我可以如下区分纯粹规则约束分类词、纯粹描述分类词和混合分类词，来结束这冗长的说教：

一个纯粹规则约束分类词其意指公设仅用规则基体

x is a K_{pr}≡'Let [(x)x is a ---⊃x be M_i'd]！' holds of K_{pr}s

（译作：x 是 K_{pr}≡"让[(x)x 是___⊃x 被 M_i]！"之于诸 K_{pr} 成立）

来具体说明；一个纯粹描述分类词其意指公设仅用描述标准

x is a K$_{pd}$≡x is ϕ_1,…ϕ_n

（译作：x 是 K$_{pd}$≡x 是 ϕ_1……ϕ_n）

来具体说明；最后，一个混合规则约束和描述的分类词其意指公设既涉及描述语境也涉及规则基体。

有了这套设备，我们可以制定下述原则（在这里"s"是一个取值加点引号的代入项的变项）：

The s$_i$ is（normatively）the same as s$_j$≡s$_i$ and s$_j$ are pure rule-bound sortals and every rule matrix which holds of s$_i$ holds of s$_j$ and vice versa。

（译作：s$_i$（规范上）相同于 s$_j$≡s$_i$ 和 s$_j$ 是纯粹规则约束分类词，而且每一个之于 s$_i$ 成立的规则基体之于 s$_j$ 成立，反之亦然。）

比如，

The •rapid• is（normatively）the same as the •quick•≡every rule-matrix which holds of •rapid•s holds of •quick•s and vice versa。

（译作：•rapid•（规范上）相同于•quick•≡每一个之于诸•rapid•成立的规则基体之于诸•quick•成立，反之亦然。）

此时我请你参考我 6 月 23 日的信结尾的最后三段。我刚才一直在阐明的很多在我原来的文章《抽象实体》中预示了①，尽管它们没有用于我们一直在讨论的问题。

52. 我已试着趁热打铁，希望至少可以略微打破僵局，尽管我们到完全解决在你的皮特卷集文章中提出的问题还有很长的路。我怀疑你是否可以在这后期使我确信我的一般规划受误导了，不过，如果你发现我在这封信中不得不说的话完全偏离目标，那么这定然会是一盆冷水。

诚挚的，

威尔弗里德·塞拉斯

---

① 比如，参见那篇文章第 Ⅱ 节的前几页。

注释

53. 读者可能会寻思,在第 51 段定义中出现的语境"holds of ..."是否和语境"true of ..."一样是外延的。如果它是,那么我们会又陷入困境,因为那样

$(K_i)(K_j)K_i \equiv K_j \supset a$ holds of K_is $\equiv a$ holds of K_js

(译作:$(K_i)(K_j)K_i \equiv K_j \supset a$ 之于诸 K_i 成立 $\equiv a$ 之于诸 K_j 成立)

就会是一个逻辑真理。任何两个空洞的分类就又是相同的了。读者应该因此注意,(5)中引入的语境

holds of Ks

(译作:之于诸 K 成立)

被规定为逻辑等值于一个其中"K"被**提及**而非**使用**的语境。因此,"a holds of K_is"应该被认为是实质上代表

The formula obtained from the matrix a by replacing the appropriate variable with 'K_i' holds。

(译作:从基体 a 通过用"K_i"取代适当变项来得到的式子成立。)

54. 我指出,"true of"是"holds of"的一个具体实例,确切地讲,它的独特特征是,语境"a is true of ..."的确因其联系基本的为真语境"'...' is true"而是外延的。因此,即使(我们应该这样)我们将"a is true of K_i"理解为实质上代表

The formula obtained from the matrix a by replacing the appropriate variable with 'K_i' is true,

(译作:从基体 a 通过用"K_i"取代适当变项来得到的式子为真,)

也可以表明

$(K_i \equiv K_j) \supset (a$ is true of $K_i \equiv a$ is true of $K_j)$。

(译作:$(K_i \equiv K_j) \supset (a$ 之于 K_i 为真 $\equiv a$ 之于 K_j 为真)。)

因为,左手边,即"$K_i \equiv K_j$",告诉我们

(x) $x \in K_i \equiv x \in K_j$

它靠外延性原则衍推

... K_i ... $\equiv$ ... K_j ...

在这里"... ___ ..."是任何其中恰当出现"K_i"和"K_j"的语境;从而它也衍推相应的为真陈述

"... K_i ..."为真;"... K_j ..."为真

是等值的,即

"... K_i ..."为真$\equiv$"... K_j ..."为真

从而(用"a"来表示这样一个语境)

a 之于 K_i 为真$\equiv a$ 之于 K_j 为真。

索 引

除了前言,所有编号都按章和段。例如,"1.7-9"指第 1 章第 7 到 9 段。引言显示为"I";与迈克尔·洛克斯的通信显示为"C"。

A

abstract entities,抽象实体,第 1、2、3 和 4 章多次出现
  as linguistic entities,作为语言实体,第 4 章多次出现
    attribute,属性,2.20,2.35,2.50-52,2.67,3.1-2,3.12
    awareness of,的觉知,1.29-34
    identity of,的等同,C.7-24,参见 Functional classfication of linguistic behavior
    matter-of-factual relations to,的事实关系,1.19-34
    reference to,的指称,1.25-34,2.38-41,C.1-5,参见 Distributive singular terms
abstract singular terms,抽象单数词项,3.12-29,4.56-88
  and predicates,和谓词,3.12-29
act,动作
  vs. action,对行动,4.14-35
action,行动,5.4-25
Anscombe,G.,G·安斯康姆,1.13
asterisk quotes,星引号,4.60,4.86

B

Bergmann,G.,G·贝格曼,3.25,4.64n,5.105n
Bradley,F.H.,F·H·布拉德雷,3.17,3.19,3.27,4.128

C

Carnap,R.,R·卡尔纳普,1.9,1.24,1.31,2.16
class 类别
  and predication,和谓述,2.22-25,2.30-37,2.45-50
  membership,成员,参见"*is a*"

virtual-abstract,虚-抽象词,2.22-67,3.70
communication,传达,4.1-8,5.4-10,5.24-25,5.47-49
critical Realism,批判实在论,I.3

D

Davidson, D., D·戴维森,4.42n
definite descriptions,限定描述词,4.105-106,5.37-41,C.2-6
Dewey, J., J·杜威,vii,I.5-6
distributive singular terms,分配单数词项,2.55,4.56-89,4.138,C.23
dot quotes,点引号,4.43-88,C.4-24
Dummett, M.A.E., M·A·E·达米特,2.35,2.39,2.52,2.65

E

entity,实体
    vs. object,对对象,3.8-10
exemplification,例示,2,12,2.40,2.52,3.23-28,3.55-58,3.73,4.100-128
    not a relation,不是关系的,4.101-104

F

Frege, G., G·弗雷格,2.21,2.35,2.38,2.52-56,3.5,3.37,3.51,3.70,3.75-77
function,(fregean),(弗雷格主义的)功能,2.17-20,2.29-41,2.56-65,3.39
    参见 *Non-objects*(*Fregean*)
functional classification of linguistic behavior,语言行为的功能归类,4.19-37,特别是3.38-65,3.112-128,5.32-41
    and natural laws,和自然规律,5.33-35
    more or less generic,不同程度的属的,4.44,4.63n,4.73-74,4.130-138
    similarity vs. identity of function,功能的相似对等同,4.130-138,5.27
    参见 *Verbal Behaviorism*、*Rules*

G

game,游戏
    different forms of the same game,同一游戏的不同形式,4.130-134
Geach, P., P·吉奇,2.21,2.35,2.39,2.52,2.65

H

Harman, G., G·哈曼,4.1n,4.1-4
Hume, D., D·休谟,5.99-104

I

INDCON（non-illustrating sortal），非例举分类词，4.104 – 109
intentionality，意向性，5.17 – 25，第 4 章多次出现
"is a"，"是"，2.22，2.30，C.5

J

Joseph, H.W.B., H・W・B・约瑟夫，2.16
jumblese，混沌语，3.32 – 77，4.85 – 87，4.115 – 118，5.71

K

Kripke, S., S・克吕普克，4.105n

L

logical connectives，逻辑连结词，3.52 – 56
Loux, M., M・洛克斯，参见通信
Lovejoy, A.O., A・O・洛夫乔伊，I.1

M

manifest image，显见意象，I.5
maps，地图，参见 Picturing
Martin, R.M., R・M・马丁，2.22，2.24
material equivalence，实质等值，4.109，C.10 – 28
meaning，意指，第 4 章多次出现
　not a relation，不是关系的，4.64 – 85，5.1 – 3
meta-language，元语言，4.18 – 26，4.34 – 35，5.53 – 58
mind-body identity，心身等同，5.16 – 23
Moore, G.E., G・E・摩尔，1.10，1.30

N

names，名称，1.13 – 23，3.15 – 68，5.36 – 41，5.71 – 79
　counterpart characteristics of，的对应特征，3.52 – 68
　styles of，的样式，3.29 – 51
　vs. predicates，对谓词，2.29 – 37，3.6 – 40
naturalism，自然主义，I.2，2.1，2.53，3.2，4.129
nominalism，唯名论，3.55 – 68，4.110 – 128，C.14
non-objects（fregean），（弗雷格主义的）非对象，2.17 – 21，2.38 – 52，2.67，3.69 – 76

O

object, 对象, 1.11, 2.13 - 21, 2.56 - 65, 3.39, 3.69 - 70
 abstract, 抽象的, 2.13, 2.40, 2.56 - 59, 3.1, 3.12 - 13
ontological commitment, 存在论承诺, 1.1 - 9, 2.6, 2.11 - 16, 2.38 - 41, 2.49, 2.67
ontology, 存在论, 第 1、2 和 4 章多次出现

P

pattern-governed linguistic behavior, 模式支配的语言行为, 4.27 - 35
 types of, 的类型, 4.31 - 35, 5.47 - 50
 参见 *Thinking-out-loud*
Peirce, C. S., C·S·皮尔士, I.4
picturing, 描画, 4.87 - 98, 5.42 - 119
 and projection, 和投影, 5.50 - 58, 5.89 - 119
Plato, 柏拉图, 4.126
platonism, 柏拉图主义, 2.29 - 32, 3.57 - 68, 4.115 - 128
practical discourse (reasoning), 实践话语(推理), 4.90 - 98, 5.51 - 65, 5.76 - 79
predicates, 谓词, 第 2 和 3 章多次出现
 as auxiliary symbols, 作为辅助符号, 3.21 - 68, 4.110 - 128, 5.112
 as syncategorematic, 作为助范畴词, 2.40
predication, 谓述, 2.11, 第 2 章多次出现, C.5 - 7

Q

quantification, 量化, 1.12 - 23, 2.3 - 52
Quine, W. V. O., W·V·O·蒯因, 1.10, 1.21, 1.34, 2.22, 2.24, 2.26, 3.39, C.14
quotation, 引语, 4.19 - 22, 4.38 - 87
 flexibility of, 的灵活性, 4.44n, 4.63n, 4.133 - 136
 forming sortals, 生成分类词, 4.44 - 47, 4.62 - 76
 illustrating principle, 例举原则, 4.19, 4.44 - 55, 4.133 - 136
 参见 *Asterisk quotes*、*Dot quotes*

R

realism, 实在论, I.1 - 3, 3.24 - 28, 4.69 - 71
reference, 指称, 参见 *Picturing*
 and causality, 和因果性, 1.21 - 34, 2.53 - 58
 and matter-of-factual relations, 和事实关系, 1.19 - 34, 2.53, 3.41 - 51
 determinate vs. indeterminate, 确定的对不确定的, 1.12 - 2.5

to objects,对象的,第 1 章多次出现,3.1-3,3.49,参见 Abstract entities
relations,关系,3.17-51
representation,表示,第 3、4 和 5 章多次出现,特别是 3.28,3.52-72,5.42-120
Royce, J., J·罗伊斯,I.4
rules,规则
 causal efficacy of some,一些的因果效力,4.27-35,4.95-98
 linguistic,语言的,4.18-35,4.129-132,5.62-65,5.93-102
 ought-to-be,应当是,4.32-35,4.90-98,5.62-65
 ought-to-do,应当做,4.32-35,5.62-65
Russell, B., B·罗素,3.11,3.12,3.18

S

Sellars, R. W., R·W·塞拉斯,I.1-7
semantic relations,语义关系
 designation,指涉,1.31
 ranging over,涉及,1.17-22
 satisfaction,满足,1.19-23
 standing for,代表,4.66-85,5.1-5
 参见 Exemplification、"true of"、Truth
sortal,分类词,1.7,2.8,2.24-25,2.42-50,2.60-67,4.44
speech act 言说动作,4.3,4.12-17,4.29-35

T

thinking,想,4.9-17
 analogous to overt speech,类比外显言说,4.9-17
 as neural events,作为神经事件,4.36-37
 as inner episodes,作为内在片断,4.36-37,5.7-25
 参见 Thinking-out-loud
thinking-out-loud,出声地想,第 4 章多次出现,5.7-25,5.47
 参见 Verbal Behaviorism
"true of","之于……为真",1.23,2.17,4.71,4.104-109, C.48-54
truth,真,2.13,3.7,3.69,4.99-109,4.124-128,5.66-120
 and picturing,和描画,5.66-119
 and reference of predicates,和谓词的指称,3.6
 and semantic assertibility (correctness),和可语义断定性(正确性),4.89-98,5.67-68, C.20-22
 and "stands for",和"代表",4.79-85
 of empirical statements,经验陈述的,4.89-94

参见 *Exemplification*、*Picturing*

V

variable,变项,1.17-22,2.10-16,2.26-37,2.44-49
verbal behaviorism,言语行为主义,第4章多次出现,特别是4.9-17
　　参见 *Thinking-out-loud*

W

Wittgenstein,L.,L·维特根斯坦,3.18,3.29,3.36,3.49n,3.76,4.33,5.82-93
world story,世界故事,4.92,5.60-65

威尔弗里德·塞拉斯的哲学著述

这份书目是截至出版日期最完整无误的塞拉斯著述目录。其中的纠正来自安德鲁·克鲁奇博士的塞拉斯网站:http://www.ditext.com/sellars。

缩写:*APQ* 代表 *American Philosophical Quarterly*;*JP* 代表 *The Journal of Philosophy*;*P&PR* 代表 *Philosophy and Phenomenological Research*;*PREV* 代表 *Philosophical Review*;*PSC* 代表 *Philosophy of Science*;*PS* 代表 *Philosophical Studies*;*ROM* 代表 *Review of Metaphysics*。

PPE   1. "Pure Pragmatics and Epistemology," *PSC* 14(1947):181-202. In *PPPW* (112).

ENWW   2. "Epistemology and the New Way of Words," *JP* 44(1947):645-60. In *PPPW* (112).

RNWW   3. "Realism and the New Way of Words," *P&PR* 8(1948):601-34. Reprinted in *Philosophical Analysis*, edited by Herbert Feigl and Wilfrid Sellars (Appleton-Century-Crofts, 1949). In *PPPW* (112).

CIL   4. "Concepts as Involving Laws and Inconceivable without Them," *PSC* 15(1948):287-315. In *PPPW* (112).

APM   5. "Aristotelian Philosophies of Mind," in *Philosophy for the Future*, edited by Roy Wood Sellars, V.J. McGill, and Marvin Farber (The Macmillan Co., 1949):544-70. In *KPT* (117).

LRB   6. "Language, Rules and Behavior," in *John Dewey: Philosopher of Science and Freedom*, edited by Sidney Hook (The Dial Press, 1949):289-315. In *PPPW* (112).

LCP   7. "On the Logic of Complex Particulars," *Mind* 58(1949):306-38. In *PPPW* (112).

AD   8. "Acquaintance and Description Again," *JP* 46(1949):496-505.

RC   9. "Review of Ernest Cassirer, *Language and Myth*," *P&PR* 9(1948-49):326-29.

ILE   10. "The Identity of Linguistic Expressions and the Paradox of Analysis," *PS* 1(1950):24-31.

QMSP   11. "Quotation Marks, Sentences, and Propositions," *P&PR* 10(1950):

515–25. In *PPPW* (112).

GQ 12. "Gestalt Qualities and the Paradox of Analysis," *PS* 1(1950): 92–4.

OM 13. "Obligation and Motivation," *PS* 2(1951): 21–25.

RP 14. "Review of Arthur Pap, *Elements of Analytic Philosophy*," *P&PR* 11 (1950): 104–9.

OMR 15. "Obligation and Motivation," in *Readings in Ethical Theory*, edited by Wilfrid Sellars and John Hospers (Appleton-Century-Crofts, 1952): 511–17. A revised and expanded version of *OM* (13).

RCA 16. "Review of C. West Churchman and Russell L. Ackoff, *Methods of Inquiry: An Introduction to Philosophy and Scientific Method*," *P&PR* 11(1951): 149–50.

CHT 17. "Comments on Mr. Hempel's Theses," *ROM* 5(1952): 623–25.

MMB 18. "Mind, Meaning, and Behavior," *PS* 3(1952): 83–95.

P 19. "Particulars," *P&PR* 13(1952): 184–99. In *SPR* (53).

ITSA 20. "Is There a Synthetic A Priori?," *PSC* 20(1953): 121–38. Reprinted in a revised form in *American Philosophers at Work*, edited by Sidney Hook (Criterion Press, 1957); also published in Italy in translation. In *SPR* (53).

SSMB 21. "A Semantical Solution of the Mind-Body Problem," *Methodos* 5 (1953): 45–82. In *PPPW* (112).

IM 22. "Inference and Meaning," *Mind* 62(1953): 313–38. In *PPPW* (112).

PRE 23. "Presupposing," *PREV* 63(1954): 197–215. Reprinted in *Essays on Bertrand Russell*, edited by E. D. Klemke (Univ. of Illinois Press, 1970): 173–89.

SRLG 24. "Some Reflections on Language Games," *PSC* 21(1954): 204–28. A revised version is in *SPR* (53).

NPD 25. "A Note on Popper's Argument for Dualism," *Analysis* 15(1954): 23–4.

PR 26. "Physical Realism," *P&PR* 15(1955): 13–32. In *PPME* (102).

PSB 27. "Putnam on Synonymity and Belief," *Analysis* 15(1955): 117–20.

VTM 28. "Vlastos and 'The Third Man'," *PREV* 64(1955): 405–37. In *PPHP* (101).

IIO 29. "Imperatives, Intentions, and the Logic of 'Ought'," *Methodos* 8 (1956): 228–68.

CE 30. "The Concept of Emergence," (with Paul Meehl), in *Minnesota Studies in the Philosophy of Science*, Vol. I, edited by Herbert Feigl and Michael Scriven (University of Minnesota Press, 1956): 239–

		52.
EPM	31.	"Empiricism and the Philosophy of Mind," (Presented at the University of London in Special Lectures in Philosophy for 1956 under the title "The Myth of the Given: Three Lectures on Empiricism and the Philosophy of Mind"), ibid., 253-329. In *SPR* (53).
LSPO	32.	"Logical Subjects and Physical Objects," *P&PR* 11(1957): 458-72. Contribution to a symposium with Peter Strawson held at Duke University, November, 1955.
CDCM	33.	"Counterfactuals, Dispositions, and the Causal Modalities," in *Minnesota Studies in the Philosophy of Science*, Vol. II, edited by Herbert Feigl, Michael Scriven, and Grover Maxwell (University of Minnesota Press, 1957): 225-308.
ITM	34.	"Intentionality and the Mental," a symposium by correspondence with Roderick Chisholm, ibid., 507-39. Reprinted in *Intentionality, Mind and Language*, edited by A. Marras (Univ. of Illinois Press, 1972).
SFA	35.	"Substance and Form in Aristotle," *JP* 54(1957): 688-99. The opening paper in a symposium on Aristotle's conception of form held at the December, 1957 meeting of the American Philosophical Association. In *PPHP* (101).
EAE	36.	"Empiricism and Abstract Entities," in *The Philosophy of Rudolf Carnap* (The Library of Living Philosophers) edited by Paul A. Schilpp (Open Court, 1963): 431-68.
GE	37.	"Grammar and Existence: A Preface to Ontology," *Mind* 69(1960): 499-533. Two lectures delivered at Yale University, March, 1958. In *SPR* (53). Reprinted in *The Problem of Universals*, edited by C. Landesman (Basic Books, 1971).
TWO	38.	"Time and the World Order," in *Minnesota Studies in the Philosophy of Science*, Vol. III, edited by Herbert Feigl and Grover Maxwell (University of Minnesota Press, 1962): 527-616. A Metaphysical and Epistmological Analysis of Becoming.
IIOR	39.	"Imperatives, Intentions, and the Logic of 'Ought'," in *Morality and the Language of Conduct*, a collection of essays in moral philosophy edited by Héctor-Neri Castañeda and George Nakhnikian (Wayne State University Press, l963): 159-214. A radically revised and enlarged version of *IIO* (29).
BBK	40.	"Being and Being Known," *Proceedings of the American Catholic*

Philosophical Association (1960): 28 – 49. In *SPR* (53).

LT 41. "The Language of Theories," in *Current Issues in the Philosophy of Science*, edited by Herbert Feigl and Grover Maxwell (Holt, Rinehart, and Winston, 1961): 57 – 77. In *SPR* (53). Reprinted in *The Problem of Scientific Realism*, edited by E. A. McKinnon (Appleton-Century-Crofts, 1972).

CM 42. "Comments on Maxwell's "Meaning Postulates in Scientific Theories"," *ibid.*, 183 – 92.

PSIM 43. "Philosophy and the Scientific Image of Man," in *Frontiers of Science and Philosophy*, edited by Robert Colodny (University of Pittsburgh Press, 1962): 35 – 78. In *SPR* (53).

RMSS 44. "Raw Materials, Subjects and Substrata," in *The Concept of Matter*, edited by Ernan McMullin (The University of Notre Dame Press, 1963): 259 – 72 and 276 – 80; remarks by Sellars on 55 – 7, 100 – 1, and 245 – 7. In *PPHP* (101).

CMM 45. Comments on McMullin's "Matter as a Principle", *ibid.*, 209 – 13.

NS 46. "Naming and Saying," *PSC* 29(1962): 7 – 26. In *SPR* (53).

TC 47. "Truth and Correspondence," *JP* 59(1962): 29 – 56. In *SPR* (53).

AE 48. "Abstract Entities," *ROM* 16(1963): 627 – 71. In *PPME* (102).

CAE 49. "Classes as Abstract Entities and the Russell Paradox," *ROM* 17 (1963): 67 – 90. In *PPME* (101).

PANF 50. "The Paradox of Analysis: A Neo-Fregean Approach," *Analysis* Supplementary Vol. 24(1964): 84 – 98. In *PPME* (102).

TE 51. "Theoretical Explanation," in *Philosophy of Science: The Delaware Seminar*, Vol. II (John Wiley, 1963): 61 – 78. In *PPME* (102).

IRH 52. "The Intentional Realism of Everett Hall," (in *Commonsense Realism: Critical Essays on the Philosophy of Everett W. Hall*, edited by E. M. Adams) *The Southern Journal of Philosophy* 4 (1966): 103 – 15. In *PPME* (102).

SPR 53. *Science, Perception and Reality* (Routledge and Kegan Paul, 1963). Includes items (19),(20),(24),(31),(37),(40),(41),(43),(46), (47), and a hitherto unpublished essay, *PHM*, "Phenomenalism". Re-issued by Ridgeview Publishing Company in 1991.

IV 54. "Induction as Vindication," *PSC* 31(1964): 197 – 231.

NI 55. "Notes on Intentionality," *JP* 61(1964): 655 – 65. Presented in a symposium on intentionality at the 1964 meeting of the American Philosophical Association (Eastern Division). In *PPME* (102). Reprinted in *Intentionality, Mind and Language*, edited by A.

Marras (Univ. of Illinois Press, 1972).

IAMB 56. "The Identity Approach to the Mind-Body Problem," *ROM* 18 (1965): 430 – 51. Presented at the Boston Colloquium for the Philosophy of Science, April, 1963. In *PPME* (102).

ML 57. "Meditations Leibnitziennes," *APQ* 2(1965): 105 – 18. An expanded version of the opening paper in a symposium on Rationalism at the May, 1958, meeting of the American Philosophical Association. In *PPHP* (101).

SRI 58. "Scientific Realism or Irenic Instrumentalism: A Critique of Nagel and Feyerabend on Theoretical Explanation," *Boston Studies in the Philosophy of Science*, Vol. II, edited by Robert Cohen and Max Wartofsky (Humanities Press, 1965): 171 – 204. In *PPME* (102).

TA 59. "Thought and Action," in *Freedom and Determinism*, edited by Keith Lehrer (Random House, 1966): 105 – 39.

FD 60. "Fatalism and Determinism," *ibid*., 141 – 74.

RPH 61. "The Refutation of Phenomenalism: Prolegomena to a Defense of Scientific Realism," in P. K. Feyerabend and G. Maxwell (eds.), *Mind, Matter, and Method* (University of Minnesota Press, 1966).

PP 62. *Philosophical Perspectives* (Charles C. Thomas, Publisher, 1967; reprinted in two volumes by Ridgeview Publishing Co.). Includes items (26), (28), (35), (44), (48), (49), (50), (51), (52), (55), (56), (57), (58), and *VTMR*, a rejoinder to Gregory Vlastos on the Third Man Argument, and three previously unpublished essays: *SC*, "The Soul as Craftsman" (on Plato's Idea of the Good), *AMI*, "Aristotle's Metaphysics: An Interpretation," and *SE*, "Science and Ethics."

SM 63. *Science and Metaphysics: Variations on Kantian Themes*, The John Locke Lectures for 1965 – 66 (Routledge and Kegan Paul, 1967). Re-issued in 1992 by Ridgeview Publishing Company.

PH 64. "Phenomenalism," in *Intentionality, Minds and Perception*, edited by H-N. Castañeda (Wayne State University Press, 1967): 215 – 74. An abbreviated version of essay *PHM* (53).

RA 65. "Reply to Aune," *ibid*., 286 – 300.

FCET 66. *Form and Content in Ethical Theory*, The Lindley Lecture for 1967 (Department of Philosophy, University of Kansas, 1967). In *SM* (63).

KTE 67. "Some Remarks on Kant's Theory of Experience," *JP* 64 (1967): 633 – 47. Presented in a symposium on Kant at the 1967 meeting of

		the American Philosophical Association (Eastern Division). In *KTM* (118).
MP	68.	"Metaphysics and the Concept of a Person," in *The Logical Way of Doing Things*, edited by Karel Lambert (Yale University Press, 1969): 219–52. In *KTM* (118).
SRTT	69.	"Some Reflections on Thoughts and Things," *Nous* 1(1967): 97–121. Reprinted as Chapter III of *SM* (63).
CDI	70.	"Reflection on Contrary to Duty Imperatives," *Nous* 1(1967): 303–44.
KSU	71.	"Kant's Views on Sensibility and Understanding," *Monist* 51(1967): 463–91. Reprinted as Chapter I of *SM* (63). The first of the six John Locke Lectures.
SPB	72.	"Some Problems about Belief," in *Philosophical Logic*, edited by J. W. Davis, D. T. Hackney, and W. K. Wilson (D. Reidel, 1969): 46–65. Reprinted in *Words and Objections: Essays on the Work of W. V. Quine*, edited by D. Davidson and J. Hintikka (D. Reidel, 1969): 186–205.
NDL	73.	"Are There Non-deductive Logics?" in *Essays in Honor of Carl G. Hempel*, edited by Nicholas Rescher et al., *Synthese Library* (D. Reidel, 1970): 83–103.
LTC	74.	"Language as Thought and as Communication," *P&PR* 29(1969): 506–27. Reprinted in *Language and Human Nature*, edited by P. Kurtz (Warren H. Green, 1971) with commentary by M. Dufrenne, E. Morot-Sir, J. Margolis, and E. S. Casey.
KBDW	75.	"On Knowing the Better and Doing the Worse," *International Philosophical Quarterly*, 10 (1970): 5–19. The 1969 Suarez Philosophy Lecture delivered at Fordham University. In *KTM* (118).
SSIS	76.	"Science, Sense Impressions, and Sensa: A Reply to Cornman," *ROM* 25(1971): 391–447.
TTC	77.	"Towards a Theory of the Categories," *Experience and Theory*, edited by L. Foster and J. W. Swanson (University of Massachusetts Press, 1970): 55–78. In *KTM* (118).
AAE	78.	"Actions and Events," *Nous* 7(1973): 179–202. Contribution to a symposium on the topic at the University of North Carolina, November, 1969.
SK	79.	"The Structure of Knowledge: (1) Perception; (2) Minds; (3) Epistemic Principles," The Matchette Foundation Lectures for

		1971 at the University of Texas. Published in *Action, Knowledge and Reality: Studies in Honor of Wilfrid Sellars*, edited by Héctor-Neri Castañeda (Bobbs-Merrill, 1975): 295–347.
RAL	80.	"Reason and the Art of Living in Plato," in *Phenomenology and Natural Existence: Essays in Honor of Marvin Farber*, edited by Dale Riepe (The University of New York Press, 1973): 353–77. Reprinted in *EPH* (94).
I	81.	"... this I or he or it (the thing) which thinks," the presidential address, American Philosophical Association (Eastern Division), for 1970, *Proceedings of the American Philosophical Association* 44 (1972): 5–31. In *KTM* (118).
RD	82.	"Reply to Donagan," an essay on fatalism and determinism (1971). *PS* 27(1975): 149–84.
OPM	83.	"Ontology and the Philosophy of Mind in Russell," in *Bertrand Russell's Philosophy*, edited by George Nakhnikian (Duckworth, and Barnes and Noble, 1974): 57–100.
RM	84.	"Reply to Marras," *Canadian Journal of Philosophy* 2(1973): 485–93.
CC	85.	"Conceptual Change," in *Conceptual Change*, edited by P. Maynard and G. Pearce (D. Reidel, 1973): 77–93.
RQ	86.	"Reply to Quine," *Synthese* 26(1973): 122–45.
AR	87.	"Autobiographical Reflections: (February, 1973)." Published in *Action, Knowledge and Reality*, edited by H.-N. Castañeda (Bobbs-Merrill, 1975): 277–93.
DKMB	88.	"The Double-Knowledge Approach to the Mind-Body Problem," *The New Scholasticism* 45(1971): 269–89.
MFC	89.	"Meaning as Functional Classification (A Perspective on the Relation of Syntax to Semantics)," (with replies to Daniel Dennett and Hilary Putnam) *Synthese* 27(1974): 417–37. Reprinted in *Intentionality, Language and Translation*, edited by J. G. Troyer and S. C. Wheeler, III (D. Reidel, 1974). An expanded version of BEB, "Belief and the Expression of Belief", in *Language, Belief, and Metaphysics*, edited by H. E. Kiefer and M. K. Munitz (State University of New York Press, 1970): 146–158.
RDP	90.	"Reply to Dennett and Putnam" *Synthese* 27(1974): 457–470. Reprinted in *Intentionality, Language and Translation*, edited by J. G. Troyer and S. C. Wheeler, III (D. Reidel, 1974).
IAE	91.	"On the Introduction of Abstract Entities," in *Forms of*

		Representation, Proceedings of the 1972 Philosophy Colloquium of the University of Western Ontario, edited by B. Freed, A. Marras and P. Maynard (North Holland, 1975): 47 - 74.

GEC 92. "Givenness and Explanatory Coherence," (presented at a symposium on Foundations of Knowledge at the 1973 meeting of the American Philosophical Association (Eastern Division)). An abbreviated version is in *JP* 10(1973): 612 - 24.

SSS 93. "Seeing, Seeming, and Sensing," in *The Ontological Turn: Studies in the Philosophy of Gustav Bergmann*, ed. by M. S. Gram and E. D. Klemke (University of Iowa Press, 1974): 195 - 210. The first in a series of three Matchette Lectures (78).

EPH 94. *Essays in Philosophy and its History* (D. Reidel, 1974). Includes items (36),(49),(51),(54),(67),(68),(72),(73),(74),(75), (77),(78),(80),(81),(84),(85),(86), and (91).

BD 95. "Berkeley and Descartes: Reflections on the 'New Way of Ideas'" (presented in 1974 in the Program in the History and Philosophy of Theories of Perception at Ohio State University). Published in *Studies in Perception: Interpretations in the History of Philosophy and Science*, edited by Peter K. Machamer and Robert G. Turnbull (Ohio State University Press, 1977): 259 - 311. In *KTM* (118).

ATS 96. "The Adverbial Theory of the Objects of Sensation," in *Metaphilosophy* 6, edited by Terrell Bynum (Basil Blackwell, 1975): 144 - 60.

VR 97. "Volitions Re-affirmed," *Action Theory*, edited by Myles Brand and Douglas Walton (D. Reidel, 1976): 47 - 66. Presented at a conference on action theory at Winnipeg, May, 1975.

KTI 98. "Kant's Transcendental Idealism" (presented at an International Kant Congress at the University of Ottawa). Published in volume 6, *Collections of Philosophy* (1976): 165 - 181. In *KTM* (118).

SRT 99. "Is Scientific Realism Tenable?" (presented at a symposium at the 1976 Philosophy of Science Association Meeting in Chicago). Published in volume II, *Proceedings of PSA* (1976): 307 - 334.

MMM 100. "Hochberg on Mapping, Meaning, and Metaphysics," in *Midwest Studies in Philosophy* II, edited by Peter French, Theodore Vehling, Jr., and Howard Wettstein (University of Minnesota Press, 1977): 214 - 24.

PPHP 101. *Philosophical Perspectives: History of Philosophy* (Ridgeview Publishing Co., 1977). A reprint of Part I of *Philosophical*

	Perspectives (62). Includes items (28),(35),(44),(57) and *VTMR*, a rejoinder to Gregory Vlastos on the Third Man Argument, SC, "The Soul as Craftsman" (on Plato's Idea of the Good), AMI, "Aristotle's Metaphysics: An Interpretation," and *SE*, "Science and Ethics."
PPME	102. *Philosophical Perspectives: Metaphysics and Epistemology* (Ridgeview Publishing Co., 1977). A reprint of Part II of *Philosophical Perspectives* (62). Includes items (26),(48),(49),(50),(51),(52),(55),(56), and (58).
IKTE	103. "The Role of Imagination in Kant's Theory of Experience," The Dotterer Lecture 1978 in *Categories: A Colloquium*, edited by Henry W. Johnstone, Jr. (Pennsylvania State University): 231–45. In *KTM* (118).
NAO	104. *Naturalism and Ontology* (Ridgeview Publishing Co., 1980). The John Dewey Lectures for 1973–4. Reprinted with corrections in 1997.
MGEC	105. "More on Givenness and Explanatory Coherence," in *Justification and Knowledge*, edited by George Pappas (D. Reidel, 1979): 169–182.
SRPC	106. "Some Reflections on Perceptual Consciousness," in *Selected Studies in Phenomenology and Existential Philosophy*, edited by R. Bruzina and B. Wilshire (1977): 169–185. In *KTM* (118).
ORAV	107. "On Reasoning About Values," *APQ* 17(1980): 81–101. One of three Tsanoff Lectures presented at Rice University, October 1978.
SSOP	108. "Sensa or Sensings: Reflections on the Ontology of Perception," *PS* 41 (Essays in Honor of James Cornman) (1982): 83–111. Presented at a Colloquium at the University of North Carolina, October 1976.
BLM	109. "Behaviorism, Language and Meaning," *Pacific Philosophical Quarterly* 61(1980): 3–30.
FMPP	110. "Foundations for a Metaphysics of Pure Process" (The Carus Lectures) *The Monist* 64(1981): 3–90
CPCI	111. "Conditional Promises and Conditional Intentions (Including a Reply to Castañeda)," in *Agent, Language and the Structure of the World: Essays Presented to Héctor-Neri Castañeda, With His Replies*, edited by James E. Tomberlin (Hackett Publishing Co., 1983): 195–221.
PPPW	112. *Pure Pragmatics and Possible Worlds: The Early Essays of Wilfrid Sellars*, edited and introduced by Jeffrey F. Sicha (Ridgeview Publishing Co., 1980). Includes items (1),(2),(3),(4),(6),(7),

		(11), (21), and (22).
MEV	113.	"Mental Events," *Philosphical Studies* 39 (1981): 325 – 45. Contributed to a symposium of that title at the 1980 meeting of American Philosophical Association (Western Division).
TTP	114.	"Towards a Theory of Predication," in *How Things Are*, edited by James Bogen and James McGuire (Reidel, 1983): 281 – 318. Presented at a conference on predication at Pitzer College in April, 1981.
OAFP	115.	"On Accepting First Principles," in *Philosophical Perspectives*, 2, Epistemology, 1988, edited by James E. Tomberlin (Ridgeview Publishing Co., (1988): 301 – 14. This paper was written in the sixties but first published here. In *KTM* (118).
ME	116.	*The Metaphysics of Epistemology: Lectures by Wilfrid Sellars*, edited by P. V. Amaral (Ridgeview Publishing Co., 1989).
KPT	117.	*Kant and Pre-Kantian Themes: Lectures by Wilfrid Sellars*, edited by P. V. Amaral (Ridgeview Publishing Co., 2002). In addition to Sellars' Kant lectures, this volume includes lectures on Decartes, Locke, Spinoza (with an introduction by the editor), Leibniz, and a reprint of *APM* (5).
KTM	118.	*Kant's Transcendental Metaphysics: Sellars' Cassirer Lectures and Other Essays*, edited and introduced by Jeffrey F. Sicha (Ridgeview Publishing Co., 2002). In addition to Sellars' notes for his Cassirer Lectures (*CLN*), this volume includes items (67), (68), (75), (77), (81), (95), (98), (103), (106), (115) and *OAPK*, Part I of the unpublished essay whose Part II is (67). (This unpublished essay is listed as entry "1970" in *Circulated Papers and Lectures*. It was actually written in 1966 or 1967, but revised in 1970, or perhaps, late 1969.)
OAPK	119.	*OAPK* is Part I of the unpublished essay whose Part II is (67). Published in *KTM*.
CLN	120.	Sellars' notes for his Cassirer Lectures, published in *KTM*.

威尔弗里德·塞拉斯的其他著述(P·V·阿马拉尔编制)

哲学信件

1961   To Bruce Aune, October 19, 1961.
        Analysis and explanation of minimal actions and theoretical reduction.
        To Sellars from Aune, October 23, 1961.
1961   To Bruce Aune, November 11, 1961.

1964	To Jack Smart, March 9, 1964.
	A discussion of Theoretical Reduction.
	To Sellars from Smart, February 27, 1964.
	To Sellars from Smart, March 14, 1964.
1965	To David Rosenthal, September 3, 1965.
	The origin of the mental in *NI*, *SRLG* and *IM*.
	To Sellars from Rosenthal, July 6, 1965.
1965	To David Rosenthal, September 8, 1965.
	To Sellars from Rosenthal, October 2, 1965.
	To Sellars from Rosenthal, December 17, 1965.
1966	To David Rosenthal, January 4, 1966.
1967	To Ruth Barcan Marcas, August 21, 1967.
	The relation of modality and metalanguage.
1970	To Gilbert Harman, February 26, 1970.
	On Harman's review of *SM*.
	To Sellars from Harman, March 24, 1970.
1970	To Gilbert Harman, November 20, 1970.
1971	To Annette Baier, November 30, 1971.
	A discussion of *SPB*.
	To Sellars from Baier, November 29, 1971.
1972	To Jay Rosenberg, July 25, 1972.
	To Sellars from Rosenberg, August 29, 1972.
1972	To Jay Rosenberg, September 5, 1972.
	A clarification of *AE* and the classification of events as objects.
	From Rosenberg to Sellars, September 28, 1972.
1972	To Annette Baier, January 12, 1972.
	To Sellars from Baier, February 7, 1972.
1973	To Jay Rosenberg, January 16, 1973.
1974	To Roderick Firth, April 16, 1974.
1974	To Roderick Firth, February 12, 1974.
1974	To Roderick Firth, January 22, 1974.
	The exchange explores the anti-Cartesian account of sensing and its role in perceiving (*EPM*, *SK*).
	To Sellars from Firth, February 22, 1974.
	To Sellars from Firth, February 2, 1974.
	To Sellars from Firth, January 13, 1974.
1975	To Bruce Aune, June 23, 1975.
	On the logic of Ought-to-do's and *CDI*.

1975	To Ausonio Marras, November 26,1975.
	On the theoretical character of common sense: *EPM*, *EAE* and *ITM*.
1978	To Michael Loux, June 23,1978 (reprinted in *NAO*).
1978	To Michael Loux, November 6,1978 (reprinted in *NAO*).
	To Sellars from Loux, October 6,1978.
1979	To Bruce Aune, April 30,1979.
	On the concept of dependent implication.
	To Sellars from Aune, May 15,1979.
	To Sellars from Aune, June 9,1979.
1979	To Judith Thomson, June 6,1979
	A discussion of *IIO* and *ORAV*.
	To Sellars from Thompson, May 25,1979.

传阅的文章与讲座

1959	"Inferencia y significado," *Separata de la Revista Universidad de San Carlos*, number 50, Guatemala, C. A. ("Inference and Meaning" translated by Héctor-Neri Castañeda).
1964	"Introduction to the Philosophy of Science," Lectures given at the Summer Institute for the History of Philosophy of Science at The American University, Washington, D.C., June, 1964.
1966	"'Ought' and Moral Principles," February 14,1966.
1967	"Fatalism and Determinism," a revised version of *FD* (60),1966.
1967	"Belief and the Expression of Belief," circulated on December 31,1967, and later incorporated into *LTC* (73),1969.
1968	"Reason and the Art of Living in Plato," printed as *RAL* (79), a paper presented in a conference held at Ohio State University, April 5,1968.
1970	"Ontology, the A Priori and Kant," Part one: introduction, 1970.
1971	"Practical Reasoning Again: Notes for a revision of Thought and Action," August, 1971.
1976	"Is Scientific Realism Tenable?" July 30,1976, a prelimary draft of *SRT* (97),1976.
1976	"Kant and Pre-Kantian Philosophy," university lectures on *The Critique of Pure Reason* and its historical framework: Descartes, Leibniz, Spinoza and Hume. May-June, 1976. (Now published a *KPT* (117).)
1977	"Symposium on Materialism," transcripts of a discussion on materialism: Wilfrid Sellars, George Pappas, William Lycan and Robert Turnbull.

实用主义与美国思想文化研究

丛书主编：刘放桐　陈亚军

《杜威哲学的现代意义》

　　　　　　　　　　刘放桐　主编，复旦大学出版社，2017年1月

《匹兹堡问学录——围绕〈使之清晰〉与布兰顿的对谈》

　　　　　　　　陈亚军　访谈　周　靖　整理，复旦大学出版社，2017年1月

《实用主义的研究历程》

　　　　　　　　　　刘放桐　著，复旦大学出版社，2018年3月

《匹兹堡学派研究——塞拉斯、麦克道威尔、布兰顿》

　　　　　　　　　　孙　宁　著，复旦大学出版社，2018年8月

《真理论层面下的杜威实用主义》

　　　　　　　　　　马　荣　著，复旦大学出版社，2018年8月

《"世界"的失落与重拾——一个分析实用主义的探讨》

　　　　　　　　　　周　靖　著，复旦大学出版社，2019年7月

《后现代政治话语——新实用主义与后马克思主义》

　　　　　　　　　　董山民　著，复旦大学出版社，2019年8月

《罗伊斯的绝对实用主义》

　　　　　　　　　　杨兴凤　著，复旦大学出版社，2019年9月

　　……

实用主义与美国思想文化译丛

丛书主编：陈亚军

《三重绳索：心灵、身体与世界》

　　　　希拉里·普特南　著，孙宁　译，复旦大学出版社，2017年1月

《经验主义与心灵哲学》

　　　　威尔弗里德·塞拉斯　著，王玮　译，复旦大学出版社，2017年1月

《将世界纳入视野：论康德、黑格尔和塞拉斯》

　　　　约翰·麦克道威尔　著，孙宁　译，复旦大学出版社，2018年8月

《阐明理由：推论主义导论》

　　　　罗伯特·B.布兰顿　著，陈亚军　译，复旦大学出版社，2019年9月

《自然主义与存在论：1974年约翰·杜威讲座》

　　　　威尔弗里德·塞拉斯　著，王玮　译，复旦大学出版社，2019年9月

《推理及万物逻辑：皮尔士1898年剑桥讲坛系列演讲》

　　查尔斯·桑德斯·皮尔士　著，张留华　译，复旦大学出版社，2019年9月

　　……

复旦大学出版社
天猫旗舰店

复旦社
陪你阅读这个世界

图书在版编目(CIP)数据

自然主义与存在论：1974年约翰·杜威讲座/(美)威尔弗里德·塞拉斯（Wilfrid Sellars）著；王玮 译.
—上海：复旦大学出版社,2019.10
（实用主义与美国思想文化译丛/陈亚军主编）
书名原文：Naturalism and Ontology：The John Dewey Lectures for 1974
ISBN 978-7-309-14149-8

Ⅰ.①自… Ⅱ.①威… ②王… Ⅲ.①杜威(Dewey,John 1859-1952)－自然主义－研究②杜威(Dewey,John1859-1952)－存在主义－研究 Ⅳ.①B712.51

中国版本图书馆CIP数据核字(2019)第017357号

Naturalism and Ontology：The John Dewey Lectures for 1974
by Wilfrid Sellars and Susanna Felder Sellars
Copyright © 1979 and 1996 by Ridgeview Publishing Company
Simplified Chinese translation copyright © 2019 by Fudan University Press Co., Ltd.
Published by arrangement with Ridgeview Publishing Company
ALL RIGHTS RESERVED
上海市版权局著作权合同登记图字：09-2019-083号

自然主义与存在论：1974年约翰·杜威讲座
[美]威尔弗里德·塞拉斯 著 王 玮 译
责任编辑 陈 军

复旦大学出版社有限公司出版发行
上海市国权路579号 邮编：200433
网址：fupnet@fudanpress.com http://www.fudanpress.com
门市零售：86-21-65642857 团体订购：86-21-65118853
外埠邮购：86-21-65109143
上海四维数字图文有限公司

开本 787×960 1/16 印张12.5 字数149千
2019年10月第1版第1次印刷

ISBN 978-7-309-14149-8/B·687
定价：40.00元

如有印装质量问题，请向复旦大学出版社有限公司发行部调换。
版权所有 侵权必究